Anonymous

Sitzungsberichte der Philosophisch-Historischen Classe

der Kaiserlichen Akademie der Wissenschaften

Anonymous

Sitzungsberichte der Philosophisch-Historischen Classe
der Kaiserlichen Akademie der Wissenschaften

ISBN/EAN: 9783743670907

Hergestellt in Europa, USA, Kanada, Australien, Japan

Cover: Foto ©ninafisch / pixelio.de

Weitere Bücher finden Sie auf **www.hansebooks.com**

REGISTER

ZU DEN BÄNDEN

121 BIS 130

DER SITZUNGSBERICHTE

DER

PHILOSOPHISCH-HISTORISCHEN CLASSE

DER KAISERLICHEN

AKADEMIE DER WISSENSCHAFTEN.

XIII.

WIEN, 1894.

IN COMMISSION BEI F. TEMPSKY

BUCHHÄNDLER DER KAIS. AKADEMIE DER WISSENSCHAFTEN.

Vorbemerkungen.

Das vorliegende dreizehnte Register zu den Sitzungsberichten der philosophisch-historischen Classe der kaiserlichen Akademie der Wissenschaften umfasst die Bände CXXI bis CXXX.

Es registrirt, nach den Namen der Autoren und sachlichen Schlagwörtern geordnet, in einer alphabetischen Folge nicht nur die in den Sitzungsberichten enthaltenen wissenschaftlichen Abhandlungen, sondern auch die in den Classensitzungen erfolgten geschäftlichen Mittheilungen und Anzeigen, sowie jene Berichte und Aufsätze, welche der Classe vorgelegt, aber von ihr entweder überhaupt nicht oder anderswo als in den in Rede stehenden Bänden der Sitzungsberichte veröffentlicht worden sind. Letztere sind mit * bezeichnet.

Die Sitzungsberichte erschienen bis zum Jahre 1880 in monatlichen Heften, deren je zehn einen Jahrgang und nach Massgabe ihres Umfanges zwei, drei und mehrere Bände bildeten; seit dem Jahre 1880, vom XCVI. Bande an, erscheinen sie in Heften, von welchen nach Massgabe ihrer Stärke zwei oder mehrere einen Band bilden; seit dem Jahre 1888, vom CXV. Bande an, erscheinen nur Bände. Vom CXVII. Bande an sind die darin enthaltenen Abhandlungen nach der Reihenfolge ihres Erscheinens mit römischen Ziffern bezeichnet.

Von allen grösseren, sowohl in den Sitzungsberichten als in den Denkschriften enthaltenen Aufsätzen befinden sich Separatabdrücke im Buchhandel.

Die folgende Tabelle enthält eine übersichtliche Zusammenstellung der im vorliegenden Register verzeichneten zehn Bände der Sitzungsberichte rücksichtlich der Zeit ihres Erscheinens, ihres Umfanges und ihrer artistischen Beilagen.

Band	Jahrgang	Monate	Seitenzahl	Artistische Beilagen
CXXI.	1890	Jänner, Februar, März 1890	966	1 Tafel
CXXII.	1890	April, Mai, Juni, Juli 1890	1066	—
CXXIII.	1890	October, November, December 1890	1055	2 Tafeln
CXXIV.	1891	Jänner, Februar, März, April, Mai, Juni 1891	1084	—
CXXV.	1891	Juni, Juli, October 1891	789	—
CXXVI.	1891—2	Oct., Nov., Dec. 1891. Jänner, Februar, März 1892	720	—
CXXVII.	1892	April, Mai, Juni, Juli 1892	910	2 Tafeln
CXXVIII.	1892—3	Juli, Oct., Nov., Dec. 1892. Jänner, Februar 1893	862	1 Tafel
CXXIX.	1893	Februar, März, April, Mai, Juni, Juli 1893	781	1 Abbildung im Text
CXXX.	1893	October, November, December 1893	638	—

A.

Abramowski, Adalbert, Dr.: Maximilians Gefangennahme zu Brügge und der Reichskrieg K. Friederichs III. gegen Flandern. CXXVIII, p. VIII.

*****Adelsdocumente** österreichischer Alchemisten: Die — — und die Abbildungen einiger Medaillen alchemistischen Ursprungs. Bauer. CXXIX, p. IX.

Adler, Sigmund, Dr.: Ueber die Schönkirchner Handschrift des österreichischen Landesrechts. CXXV, p. XIV; CXXVI. III.

Aeltere Lautwerthe des Chinesischen: Zur Kenntniss der — —. Kühnert. CXXII, p. XIV. IX.

*****Aeltester** Stadtplan Wiens im Besitze der Hofbibliothek. Hartel. CXXVI, p. XXV.

Aequatoriale Sprachfamilie in Central-Afrika: Die — —. Nachträge zur Abhandlung im CXIX. Band der Sitzungsberichte. Müller. CXXVII, p. VIII. X.

Aesthetische Schriften: Philodem und die — — der herculanischen Bibliothek. Gomperz. CXXIII, p. XVI. VI.

Akademie der Wissenschaften, königl. preussische: Politische Correspondenz Friedrichs des Grossen, XVIII. Band, 2. Hälfte. CXXVII, p. VII.

— der Wissenschaften, königl. preussische in Berlin: Corpus inscriptionum Latinarum. Vol. II. Suppl. CXXVIII, p. V.

*****Al** Hamdâni's Geographie der arabischen Halbinsel. II. Theil. Vorlage des subventionirten Werkes — —. Müller. CXXIV, p. XIX.

Albanesische Studien III: Lautlehre der indogermanischen Bestandtheile des Albanesischen. Meyer. CXXV, p. XIV. XI.

Aldenhofen, Neerwinden, Löwen (1., 18. und 22. März 1793): Zur Erinnerung an Erzherzog Carl. Zeissberg. CXXVII, p. VII. VII.

Alexanderroman: Beiträge zur Geschichte des —. Nöldeke. CXXII, p. VI.

Alkestis: Exegetische und kritische Bemerkungen zu Euripides' —. Holzinger. CXXIV, p. XX. X.

***Allgemeine** Encyklopädie für die Geschichte und Wissenschaft des Judenthums. Singer. CXXVII, p. VIII.

Allgemeines Reichsarchiv in München: Archivalische Zeitschrift. Neue Folge. I. Band. CXXII, p. XIX.

Altböhmische Literatur: Die Spuren der altkirchenslavischen Evangelienübersetzung in der — —. Vondrák. CXXIX, p. X. X.

***Altindische** Lexicographie: Quellenwerke der — —. Band I. Der Anekârthasaṅgraha des Hemachandra. Zachariae. CXXIX, p. XII. XI.

***Altindisches** Hochzeitsritüell: Das — — nach dem Âpastambrîja-Grihijasûtra und einigen anderen Werken. Winternitz. CXXII, p. XXII.

Altkirchenslavische Evangelienübersetzung: Die Spuren der — — in der altböhmischen Literatur. Vondrák. CXXIX, p. X. X.

Altmann, Wilhelm, Dr.: Zur Resignation Karls V. und Kaiserwahl Ferdinands I. CXXVIII, p. VI.

Altslovenische Studien. Vondrák. CXXII, p. VI. VII.

— Wenzelslegende: Zur Würdigung der — — und der Legende vom heil. Prokop. Vondrák. CXXVII, p. V. XIII.

***Anabaptismus** in Tirol: Der — — von seinen Anfängen bis zum Tode Jakob Huter's (1526—1536). Aus den hinterlassenen Papieren des Hofrathes Dr. J. R. v. Beck. CXXVI, p. V.

— — Der — — vom Jahre 1536 bis zu seinem Erlöschen. Loserth. CXXVIII, p. VII.

***Analyse** der bei Aparârka vorkommenden Citate. Kirste. CXXIX, p. VI.

***Anfänge** der Reformation: Die — — in der Stadt Steyr 1520 bis 1527. Czerny. CXXVI, p. XIV.

Annenkow: Die Werke Peter Chelčický's. CXXX, p. X.

***Anonymous** Early Scottish Poems, forming a Supplement to the Poems of William Dunbar. V. Part. Schipper. CXXIX, p. IX.

*Aparárka: Analyse der bei — vorkommenden Citate. Kirste CXXIX, p. VI.

*Archäologisch-epigraphische Mittheilungen aus Oesterreich-Ungarn. Benndorf und Bormann. XIII. Jahrgang, 1. Heft. CXXI, p. X; 2. Heft. CXXIII, p. V; XIV. Jahrgang. CXXIV, p. XXII; XV. Jahrgang, 1. Heft. CXXVI, p. XVIII; 2. Heft. CXXVIII, p. VII; XVI. Jahrgang, 1. Heft. CXXIX, p. XII.

— — Dankschreiben für Ueberlassung der 2. Lieferung der Attischen Grabreliefs. CXXV, p. XIII.

*Archiv Česky. Landesausschuss des Königreiches Böhmen. CXXI, p. XII. X. Band. CXXIV, p. XVI; XI. u. XII. Band. CXXIX, p. IX.

*Archivalische Zeitschrift. Neue Folge. I. Band. CXXII, p. XIX.

*Aristoteles: Ueber das neuentdeckte Werk des — und die Verdächtiger seiner Echtheit. Gomperz. CXXIV, p. XXII.

Armeniaca VI. Müller CXXII, p. V. I.

Arneth, Alfred Ritter von, Excellenz, w. M., Präsident: Gedenken des Verlustes, welchen die Akademie durch das am 27. December 1889 erfolgte Ableben des w. M. Dr. Alfred Freiherrn von Kremer, k. k. Minister a. D., erlitten hat. CXXI, p. V.

— Mittheilung von dem am 10. Jänner 1890 zu München erfolgten Ableben des ausländischen Ehrenmitgliedes Ignaz von Döllinger, Stiftspropst und Universitätsprofessor in München. CXXI, p. VI.

— Mittheilung von dem am 18. Jänner 1890 im Stifte Raigern erfolgten Ableben des c. M. P. Beda Dudik, k. k. Regierungsrath und mährischer Landeshistoriograph. CXXI, p. VIII.

— Ueberreichung der von der französischen Regierung der Akademie übermittelten beiden Werke: „Recueil des Instructions données aux ambassadeurs et ministres de France en Bavière publiées par M. André Lebon' und ‚Inventaire analytique des Archives du Ministère des Affaires étrangères'. (Papiers de Barthélemy.) T. IV. CXXI, p. X.

— Mittheilung, dass das Ehrenmitglied Se. Durchlaucht der regierende Fürst Johann von und zu Liechtenstein zur Förderung wissenschaftlicher Durchforschung Kleinasiens 30.000 fl. gewidmet habe mit dem besonderen Wunsche der Zuwendung dieser Summe für archäologische Forschungen. CXXI, p. XVII.

Arneth, Alfred Ritter von, Excellenz, w. M., Präsident: Begrüssung der Classe bei Wiederaufnahme der Sitzungen und besonders des neu eingetretenen Mitgliedes Herrn Professors Dr. F. Hofmann. CXXIII, p. V.

— Gedenken des Verlustes, welchen die Akademie durch das am 3. August 1890 erfolgte Ableben des w. M. Hofrath Ludwig Ritter von Barth erlitten hat. CXXIII, p. V.

— Gedenken des Verlustes, welchen die Akademie durch das am 23. September 1890 erfolgte Ableben des w. M. Hofrath Lorenz Ritter von Stein erlitten hat. CXXIII, p. V.

— Gedenken des Verlustes, welchen die Akademie durch das am 9. August 1890 erfolgte Ableben ihres c. M. Eduard von Bauernfeld erlitten hat. CXXIII, p. V.

— Gedenken des Verlustes, welchen die Akademie durch das am 17. Jänner 1891 erfolgte Ableben ihres Ehrenmitgliedes Georg Bancroft erlitten hat. CXXIV, p. VIII.

— Mittheilung von dem Verluste, den die Akademie durch das am 7. März 1891 erfolgte Ableben ihres w. M. Sr. Excellenz Dr. Franz Ritter von Miklosich erlitten hat. CXXIV, p. XV.

— Vorlage des vom Minister des Auswärtigen der französischen Republik gespendeten Werkes: Recueil des Instructions données aux ambassadeurs et ministres de France. Russie. T. II. CXXIV, p. IX.

— Begrüssung der Mitglieder der philosophisch-historischen Classe bei Wiederaufnahme der Sitzungen, insbesondere des neu eingetretenen w. M. Professor E. Mühlbacher. CXXV, p. XII.

— Gedenken des Verlustes, welchen die Akademie durch das am 17. September 1891 erfolgte Ableben des Hofrathes Petzval erlitten hat. CXXV, p. XII.

— Gedenken des Verlustes, welchen die Akademie durch das am 10. December 1891 erfolgte Ableben des w. M. Professors Albert Jäger erlitten hat. CXXVI, p. XVIII.

— Gedenken des Verlustes, welchen die Akademie durch das Ableben des w. M. Hofrath Ernst v. Brücke erlitten hat. CXXVI, p. XXI.

Arneth, Alfred Ritter von, Excellenz, w. M., Präsident: Mittheilung über das am 26. April 1892 erfolgte Hinscheiden des c. M. Ernst v. Bergmann. CXXVII, p. V.

— Gedenken des Verlustes, den die Akademie durch das am 7. Juli 1892 erfolgte Ableben ihres c. M. Professor Arnold Busson erlitten hat. CXXVIII, p. V.

— Gedenken der Verluste, welche die Akademie durch das Ableben des w. M. Hofrath Anton Winckler, der cc. MM. Regierungsrath Ignaz von Zingerle und geh. Justizrath Rudolf von Ihering erlitten hat. CXXVIII, p. VI.

— Nachricht von dem am 15. August 1892 erfolgten Ableben des c. M. geh. Rathes August Nauck. CXXVIII, p. VII.

— Gedenken des Verlustes, welchen die Akademie durch das am 7. Jänner 1893 erfolgte Ableben ihres Vice-Präsidenten Hofrathes Stefan erlitten hat. CXXVIII, p. XIII.

— Ausdruck der Trauer über das am 23. Mai 1893 erfolgte Hinscheiden des Curator-Stellvertreters E. M. Anton Ritter von Schmerling. CXXIX, p. XI.

— Nachricht von dem am 12. November 1893 erfolgten Hinscheiden des E. M. Alexander Freiherrn von Bach. CXXX, p. VIII.

— und Jules Flammermont: Correspondance secrète du comte de Mercy-Argenteau avec l'empereur Joseph II et le prince de Kaunitz. T. II et Introduction. CXXVI, p. V.

— Begrüssung der Mitglieder bei Wiederaufnahme der Sitzungen und des neugewählten Mitgliedes Hofrathes A. Beer. CXXVIII, p. VI.

— Begrüssung der anwesenden Mitglieder bei Wiederaufnahme der Sitzungen. CXXX, p. V.

Artâi-virâf-nâmak und des Džôst-i-frijân: Beiträge zur Erklärung des — —. Müller. CXXVII, p. VIII. XI.

*****Aruch** completum: Ansuchen um Gewährung eines Druckkostenbeitrages für den VI. Theil des — —. Kohut. CXXII, p. VIII.

— — Vorlage der Pflichtexemplare des Aruch completum VI. Band. CXXII, p. XXI.

— — Vorlage des VII. Bandes des — — und Subventionsansuchen. Kohut. CXXVI, p. V.

*Aśoka's Felsenedicte: Ueber einen neuen Abklatsch der Edicte XIII und XIV der Mansehra-Version von — —. Bühler. CXXIII, p. XV.

*Attische Grabreliefs. II. Lieferung. Spemann'sche Buchhandlung. CXXV, p. XI.

— — Mittheilung über das 3. Heft. Conze. CXXVI, p. XVI.

— — III. Lieferung. CXXVII. p. VI; IV. Lieferung. CXXIX, p. IX; V. Lieferung des I. Bandes. CXXX, p. X.

Augustinus: Die Mauriner Ausgabe des —. Ein Beitrag zur Geschichte der Literatur und der Kirche im Zeitalter Ludwigs XIV. III. Theil, 1. Kukula. CXXVII, p. VI. V.

Aus ibn Hajar: Gedichte und Fragmente des — —. Geyer. CXXVI, p. XXIV. XIII.

Aussprache des Visarga: Die — —. Kirste. CXXI, p. X. XV.

*Avesta. VI. Lieferung. Geldner. CXXII, p. XIII.

— III. Vendidâd, VII. Lieferung. Geldner. CXXIX. p. VII.

B.

Bach, Alexander Freiherr von, Dr., Excellenz, E.-M.: Dankschreiben für die ihm aus Anlass der Vollendung seines 80. Geburtsjahres gesendete Adresse. CXXVIII, p. XII.

— Nachricht von seinem am 12. November 1893 erfolgten Hinscheiden. CXXX. p. VIII.

Bachmann, Adolf, Dr., Professor: Zur deutschen Königswahl Maximilians I. CXXII, p. XVII.

— Urkundliche Nachträge zur österreichisch-deutschen Geschichte im Zeitalter Kaiser Friedrichs III. CXXV, p. V.

— Versiegeltes Schreiben zur Wahrung der Priorität. CXXVII, p. VIII.

Bancroft Georg, E.-M.: Gedenken des Verlustes, welchen die Akademie durch sein am 17. Jänner 1891 erfolgtes Ableben erlitten hat. CXXIV, p. VIII.

Baracz, Dr. Sadock, Jubilarpriester: Catalogus patrum et fratrum sacri ordinis Praedicatorum in Polonia, Russia et magno ducatu Lithvaniae mortuorum. CXXI, p. XV.

Barth, Ludwig Ritter von, w. M.: Gedenken seines am 3. August 1890 zu Wien erfolgten Ablebens. CXXIII, p. V.

*Barthélemy: Inventaire analytique des Archives du Ministère des Affaires étrangères. T. IV. CXXI. p. X.

Baskische Studien: I. Ueber die Entstehung der Bezugsformen des baskischen Zeitwortes. Schuchardt. CXXVIII, p. XIII.

Bauer, A., Dr., Hofrath, c. M.: Die Adelsdocumente österreichischer Alchemisten und die Abbildungen einiger Medaillen alchemistischen Ursprunges. CXXIX, p. IX.

Bauernfeld, Eduard von, c. M.: Gedenken seines am 9. August 1890 erfolgten Ablebens. CXXIII, p. V.

Baumbastpapiere: Studien über angebliche —. Wiesner. CXXVI, p. XXII. VIII.

Bayer, Josef, Professor: Wahl zum Preisrichter der Grillparzer-Stiftung für das siebente Triennium 1890—1893 seitens der Concordia. CXXI, p. XIV; für das achte Triennium 1893 bis 1896. CXXIX, p. VI.

Bedauye-Sprache: Die — — in Nordost-Afrika. I. Texte im Idiom der Beni-Amer, der Halenga und der Bischari. Reinisch. CXXVIII, p. IX. III.

— Die — — in Nordost-Afrika. II. Grammatik. Reinisch. CXXVIII, p. XI. VII. III. CXXX, p. X. VII.

Bedeutung der drei Perioden Tschang, Pu und Ki, sowie des Elementen- und sogenannten Wahlcyklus bei den Chinesen. Kühnert. CXXIV, p. XXVI; CXXV, p. IV.

Beelen-Bertholf, Baron de: Die Berichte des ersten Agenten Oesterreichs in den Vereinigten Staaten von Amerika an die Regierung der österreichischen Niederlande in Brüssel. Schlitter. CXXI, p. XV.

Beer, A., Dr., Hofrath w. M.: Begrüssung desselben als neugewähltes wirkliches Mitglied durch den Präsidenten. CXXXVIII, p. VI.

— Dankschreiben für seine Wahl zum wirklichen Mitgliede. CXXVIII, p. VI.

— Die handelspolitischen Beziehungen Oesterreichs zu den deutschen Staaten unter Maria Theresia. CXXIX, p. VII.

— Studien zur Geschichte der Volkswirthschaft unter Maria Theresia. I. Die österreichische Industriepolitik. CXXX, p. IX.

Beer, Rudolf, Dr.: Handschriftenschätze Spaniens. Bericht über eine im Auftrage der kais. Akademie in den Jahren 1886 bis 1888 durchgeführte Forschungsreise von —. CXXIV, p. XV. VI.

— Die Quellen für den Liber diurnus concilii Basileensis des Petrus Bruneti. CXXIV, p. XVII. VII.

Beer, Rudolf, Dr.: Handschriftenschätze Spaniens. II. CXXV, p. XI. III.
— Ioannes de Segovia, Historia gestorum Concilii Basileensis (Buch XVI). Fortsetzung. CXXVI, p. XIX. II.
— Monumenta conciliorum generalium, Concilium Basileense. Scriptorum tomi tertii pars III, enthaltend Collectio XVII von Ioannes de Segovia, Hist. gestorum gener. synodi Basileensis. CXXVIII, p. IX. VIII.
— Handschriftenschätze Spaniens. Bericht über eine in den Jahren 1886—1888 durchgeführte Forschungsreise. CXXVIII, p. XI. VIII.
Begriffsverstärkung: Die — durch das Etymon im Altarabischen. Grünert. CXXV, p. IX. V.
Beileidstelegramme aus Anlass des Ablebens des w. M. R. v. Miklosich. CXXIV, p. XVI.
Beiträge zur Geschichte frühchristlicher Dichter im Mittelalter. II. Manitius. CXXI, p. XII. VII.
— zur Geschichte der armenischen Literatur. Grunzel. CXXI, p. XVIII.
— zur Erklärung des Artāi-vīrāf-nāmak und des Džōšt-i-frijān. Müller. CXXVII, p. VIII. XI.
*****Belagerung** und Rückeroberung Ofens im Jahre 1686: Berichte des venetianischen Gesandten Friedrich Cornaro. CXXV, p. XIII.
Belgien unter der Generalstatthalterschaft des Erzherzogs Carl (1793—1794). I. Theil. Zeissberg. CXXVIII, p. XI. VI. II. Theil. Zeissberg. CXXIX, p. XI. VIII.
Belgische Geschichte: Zwei Jahre — — (1791, 1792). I. Theil. Von der Convention im Haag bis zum Tode Kaiser Leopolds II. Zeissberg. CXXIII, p. XVI. VII. II. Theil. Vom Tode Leopolds II. bis zum Ende der Statthalterschaft der Erzherzogin Maria Christine. Zeissberg. CXXIV, p. XXV. XII.
Benndorf, Otto, Dr., Hofrath, Professor, w. M.: Bericht über eine Reise im Orient. CXXVIII, p. V.
— Das Heroon von Gjölbaschi-Trysa. II. Theil. CXXIV, p. XII.
— und c. M. Eugen Bormann: Archäologisch-epigraphische Mittheilungen aus Oesterreich-Ungarn. XIII. Jahrgang, 1. Heft. CXXI, p. X; XIV. Jahrgang, CXXIV, p. XXII;

XV. Jahrgang, 1. Heft. CXXVI, p. XVIII; XV. Jahrgang, 2. Heft. CXXVIII, p. VII; XVI. Jahrgang, 1. Heft. CXXIX, p. XII.

Berger, Alfred Freiherr von, Dr.: Hielt Descartes die Thiere für bewusstlos? CXXV, p. XI. CXXVI, p. IV.

Bergmann, Ernst Ritter von, Dr., c. M.: Mittheilung von seinem am 26. April 1892 erfolgten Hinscheiden. CXXVII, p. V.

*Bericht über die anlässlich der Bologneser Jubelfeier erschienenen Schriften über den Stand seiner Vorarbeiten für das Verzeichniss der deutschen Rechtshörer an italienischen Universitäten. Luschin von Ebengreuth. CXXI, p. XIX.

Berkeley: Der Idealismus — in den Grundlagen untersucht. Löwy. CXXII, p. XVII. CXXIV, p. I.

***Bhâgavata** Purâna. T. IV. Burnouf. CXXIV, p. XXI.

Bibelexcerpte: Die — de divinis scripturis und die Itala des heiligen Augustinus. Weihrich. CXXIX, p. VII. II.

Bibl, Victor: Briefsammlung des Humanisten Conrad Celtes. CXXIX, p. VIII.

Bibliographie: Versuch einer — der neugriechischen Mundartenforschung. Neugriechische Studien I. Meyer. CXXX, p. VI. IV.

Bibliographische Nachträge zu Dr. Richard Kukula's Abhandlung: Die Mauriner-Ausgabe des Augustinus. Rottmanner. CXXIV, p. XXVII. XIII.

Bibliotheca patrum latinorum Britannica. I. Schenkl. CXXI, p. XIV. IX.

— — II. Schenkl CXXIII, p. XIII. V.

— — III. Schenkl. CXXIV, p. X. III.

— — IV. II. Die Bibliothek des verstorbenen Sir Thomas Philipps in Cheltenham. Schenkl. CXXVI, p. XIX. VI.

— — V. Schenkl. CXXVII, p. VII. IX.

***Biblische** Apokryphen: Slavische Beiträge zu den — —. I. Die altkirchenslavischen Texte des Adambuches. Jagić. CXXVIII, p. X.

***Biblisch-rabbinische** Literatur: Mittelhochdeutsche Dichtung in ihrer Beziehung zur — —. 4. Heft. Gelbhaus. CXXIX, p. VIII.

Bickell, G. Dr., Professor, c. M.: Dankschreiben für seine Wahl zum correspondirenden Mitgliede. CXXVIII, p. VII.

*Bildende Kunst in Böhmen: Geschichte der — — vom Tode Wenzels III. bis zu den Husitenkriegen. I. Band. Neuwirth. CXXVIII, p. IX.

*Biographisches Lexikon des Kaiserthums Oesterreich. 58. Theil. Vorlage und Bitte um den üblichen Druckkostenbeitrag. v. Wurzbach. CXXI, p. VII.

— — 59. Theil. v. Wurzbach. CXXIII, p. VI.

— — 60. Theil. v. Wurzbach. CXXVII, p. VI.

Birk, Ernst von, Dr.: Anzeige über sein am 18. Mai 1891 erfolgtes Ableben. CXXV, p. VII.

*Blockbuch: Das —. Liber regum seu historia Davidis. Nach dem in der k. k. Universitätsbibliothek zu Innsbruck befindlichen Original. Hochegger. CXXI, p. VIII.

Blumenstook, Alfred, Dr.: Beiträge zur Geschichte der vorgratianischen Kirchenrechtsquellen. I. CXXV, p. X.

*Boccacio, seine Zeit und seine Zeitgenossen (russisch). Wesselowsky. CXXX, p. X.

Böhmische Kaiser Franz Josef-Akademie der Wissenschaften, Literatur und Kunst: Zusendung der aus Anlass ihrer Gründung geprägten Gedenkmedaille. CXXVIII, p. V.

— — Mittheilung von der Aufnahme ihrer Thätigkeit, Zusendung ihres ersten Rechenschaftsberichtes und zweier Werke. CXXVIII, p. IX.

— — Dankschreiben für die Bewilligung des Schriftentausches. CXXIX, p. VII.

*Böhmische Landtagsverhandlungen und Landtagsbeschlüsse: Die — — vom Jahre 1526 bis auf die Neuzeit. VI. Band (1581—1585). Landesausschuss. CXXII, p. X.

*Boleslav II. von Polen. Pichler. CXXVI, p. VII.

Bomanjee Byramjee Patel: Parsee Prakasch. I. Band. CXXII, p. XIII.

*Borja von Gandia: Die Katastrophe des herzoglichen Hauses der — —. Niederlage und Flucht Don Juans II., Plünderung des Palastes Borja, 21. Juli 1521. Höfler. CXXVI, p. XXV.

Bormann, Eugen, Dr., c. M., und Dr. O. Benndorf: Archäologisch-epigraphische Mittheilungen aus Oesterreich-Ungarn. XIII. Jahrgang, 1. Heft. CXXI, p. X; XIV. Jahrgang, CXXIV, p. XXII; XV. Jahrgang, 1. Heft. CXXVI, p. XVIII; 2. Heft. CXXVIII, p. VII; XVI. Jahrgang, 1. Heft. CXXIX, p. XII.

Botschaft, kais. russische: 1. Liste der während des Jahres 1891 promulgirten russischen Gesetze und Nachträge zu den früher bestandenen Gesetzen; 2. Fortsetzung des russischen code administratif; 3. weitere Folge der russischen Gesetzsammlung 1891. CXXVIII, p. XII.

Brandl, Vincenz, Landesarchivar: Codex diplomaticus et epistolaris Moraviae. XII. Band. CXXII, p. XVII.

— Libri citationum et sententiarum. V. Band. 2. Abtheilung. CXXIX, p. V.

Brandt, Samuel, Professor: Dankschreiben für die Bewilligung einer Unterstützung zum Studium von Handschriften des Lactanz in Paris. CXXV, p. XIII.

— Divinae institutiones et epitome divinarum institutionum. Pars I von Lactantii opera omnia. CXXII, p. XIV.

— Ueber die Entstehungsverhältnisse der Prosaschriften des Lactantius und des Buches ‚De mortibus persecutorum‘. CXXV, p. XI. VI.

— et G. Laubmann: L. Lactantii opera omnia. Partis II, fasc. 1. Corpus scriptorum ecclesiasticorum latinorum. Vol. XXIV, p. VII.

— — Corpus scriptorum ecclesiasticorum latinorum. Vol. XXVII. L. Lactantii opera omnia, rec. — —. CXXIX, p. VII.

***Brescia-Mailänder** Militärverschwörung: Ausgang der französischen Herrschaft in Oberitalien und die — —. v. Helfert. CXXII, p. XI.

Bretholz, B., Dr.: Die Uebergabe Mährens an Herzog Albrecht V. von Oesterreich im Jahre 1423. (Beiträge zur Geschichte der Husitenkriege in Mähren.) CXXIX, p. IX.

— Geschichte Mährens. I. Band, 1. Abtheilung. CXXX, p. X.

***Brief** des Propheten Mohammed an den Mokaukis von Aegypten: Mittheilung über den im kaiserlichen Schatz zu Constantinopel verwahrten — —. Karabacek. CXXIV, p. XIX.

***Briefe** der Kaiserin Maria Theresia und Josefs II. und Berichte des Obersthofmeisters Grafen Anton Salm, 17. März 1760 bis 16. Jänner 1765, aus dem fürstlich Salm'schen Archive zu Raitz. Zweybrück. CXXI, p. XIII.

***Briefsammlung** des Humanisten Conrad Celtes. Bibl. CXXIX, p. VIII.

Brücke, Ernst, Dr., Hofrath, w. M.: Gedenken des Verlustes, den die Akademie durch sein am 7. Jänner 1892 erfolgtes Ableben erlitten hat. CXXVI, p. XXI.
Buch'sche Glosse: Der Einfluss der — — auf die späteren Denkmäler. I. Das Clevische Stadtrecht. Steffenhagen. CXXIX, p. X. VII.
Büchler, Adolf, Dr.: Untersuchung zur Entstehung und Entwicklung der hebräischen Accente. 1. Theil: Die Ursprünge der verticalen Bestandtheile in der Accentuation des hebräischen Bibeltextes und ihre masoretische Bedeutung. CXXIV, p. X. V.
Büdinger, Max, Dr., Professor, w. M.: Catull und der Patriciat. CXXI, p. IX. III.
— Poesie und Urkunde bei Thukydides, eine historiographische Untersuchung. I. Theil. CXXII, p. XIX.
— — Schlusstheil der historiographischen Untersuchung. CXXIII, p. VI.
— Die römischen Spiele und der Patriciat; eine staatsrechtliche Untersuchung. CXXIII, p. VIII. III.
— Neue Mittheilungen über Columbus' angeblichen Vetter, den Piraten Vincenz. CXXIV, p. XVII.
— De coloniarum quarundam Phoeniciarum primordiis cum Hebraeorum exodo conjunctis. CXXV, p. XV. X.
— Mittheilungen aus der spanischen Geschichte des 16. und 17. Jahrhunderts. I. CXXVIII, p. XIV. XI.
Bühler, Georg, Dr., Hofrath, Professor, w. M.: Die indischen Inschriften und das Alter der indischen Kunstpoesie. CXXII, p. XXI. XI.
— Ueber einen neuen Abklatsch der Edicte XIII und XIV der Mansehra-Version von Aśoka's Felsenedicten. CXXIII, p. XV.
— Ueber das Jagadûcharita des Sarvânanda, a historical romance from Gujarât. CXXVI, p. XIII. V.
— Auszug aus dem Berichte der Commission für die Herausgabe der Quellenschriften der indischen Lexikographie. CXXX, p. VIII.
— und D. J. Kirste: Beiträge zur Erforschung der Geschichte des Mahâbhârata. CXXVII, p. IX. XII.
*****Bukowinas** Entstehen und Aufblühen, Maria Theresias Zeit. I. Theil, 1772 bis Juni 1775. Werenka. CXXIV, p. V.

*Bulletin des lois supplémentaires pour les provinces baltiques. CXXIV, p. XXV.
Burnouf, Eugen: Bhâgavata Purâna. T. IV. CXXIV, p. XXI.
*— Choix des Lettres 1825—1852. Delisle. CXXV, p. XIII.
Busson, Arnold, Dr., Professor, c. M.: Beiträge zur Kritik der steirischen Reimchronik und zur Reichsgeschichte im 13. und 14. Jahrhundert. IV. Die letzten Staufer. CXXVI, p. XXIII. X.
— Gedenken des Verlustes, den die Akademie durch sein am 7. Juli 1892 erfolgtes Hinscheiden erlitten hat. CXXVIII, p. V.
Byzantinisches Lehrgedicht Spaneas: Das — — in der kirchenslavischen Uebersetzung. Jagić. CXXVII, p. VII. VIII.

C.

Campori, Matteo: Corrispondenza tra L. A. Muratori e G. G. Leibniz conservata nella R. Biblioteca di Hannover ed in altri istituti. CXXIX, p. XI.
Canonische Literaturgeschichte des 12. Jahrhunderts: Rhetorica ecclesiastica. Ott. CXXV, p. VIII. VIII.
*Catalogus codicum manuscriptorum qui in bibliotheca Monasterii Mellicensis O. S. B. servantur. Karl. CXXI, p. XIV.
*— patrum et fratrum sacri ordinis Praedicatorum in Polonia, Russia et magno ducatu Lithvaniae mortuorum. Baracz. CXXI, p. XV.
Catull und der Patriciat. Eine historische Untersuchung. Büdinger. CXXI, p. IX. III.
Central-Afrika: Die äquatoriale Sprachfamilie in —. Nachträge zur Abhandlung im CXIX. Band der Sitzungsberichte. Müller. CXXVII, p. VIII. X.
Central-Commission für Kunst- und historische Denkmale: Nachricht von dem neuerlichen Erwerb mehrerer Pantaidinge seitens des Linzer Museums Francisco-Carolinum. CXXIV, p. V.
Central-Direction der Monumenta Germaniae historica: Jahresbericht über den Fortgang des Unternehmens im Jahre 1891. CXXVII, p. VIII.
*Cetinjer Kirchendruck vom Jahre 1494: Der erste — —. Eine bibliographisch-lexikalische Studie. Jagić. CXXX, p. VI.
Chamitisch-semitische Sprachen: Das Zahlwort vier und neun in den — —. Reinisch. CXXI, p. XVIII. XII.
*Chants populaires des Afghanes. Darmesteter. CXXII, p. XVI.

*Chartularium universitatis Parisiensis. Denifle et Chatelain. CXXVI, p. XII.
Chatelain, Aemilius et Henricus Denifle O. P.: Chartularium universitatis Parisiensis. CXXVI, p. XII.
*Chelčicky, Peter: Die Werke — —. Annenkow. CXXX, p. X.
Chinesisches: Zur Kenntniss der älteren Lautwerthe des —. Kühnert. CXXII, p. XIV. IX.
Christakis Zographos-Preis von 2000 Mark zur Lösung der Aufgabe: Polyglotte Ausgabe der Chronik von Morea auf Grund der in verschiedenen Sprachen und Recensionen erhaltenen Texte, nebst einer Untersuchung über das Verhältniss jener Texte zu einander und über das Original der Chronik. CXXVII, p. VI.
Christoph-Legende: Zur —. I. Mussafia. CXXIX, p. XI. IX.
*Chronica Hermanni Korneri, Fortsetzung der Herausgabe der Werke Wilhelm Weber's, Durchforschung der mitteldeutschen Archive für eine Geschichte der Bauernkriege. Kgl. Gesellschaft der Wissenschaften in Göttingen. CXXIX, p. XIII.
Chronologie der Briefe des Papstes Hormisda: Beiträge zur — —. Günther. CXXVI, p. XXI. XI.
Clevisches Stadtrecht: Das — —. I. Der Einfluss der Buchschen Glosse auf die späteren Denkmäler. Steffenhagen. CXXIX, p. X. VII.
*Codex diplomaticus et epistolaris Moraviae. XII. Band. Brandl. CXXII, p. XVII.
*— dipl. comitum Károlyi de Nagy-Károly. Bände I—IV. Károlyi. CXXV, p. VII.
— Suprasliensis: Orthographische und lexikalische Eigenthümlichkeiten des — — im Verhältniss zu anderen altslovenischen Denkmälern. Vondrák. CXXIV, p. V. II.
*Collationen mehrerer Codices: Ansuchen um Beschaffung von — — zur Herausgabe des Hieronymus. Huemer. CXXIV, p. VII.
Coloniarum Phoeniciarum: De — — quarundam primordiis cum Hebraeorum exodo conjunctis. Büdinger. CXXV, p. XV. X.
Columbus' Fahrt nach Tunis; mit 1 Karte. Schmidt. CXXI, p. IX. IV.
Commission für archäologische Erforschung Kleinasiens: Die — —. Bericht über die Verwaltung der von Sr. Durchlaucht dem regierenden Fürsten Johann von und zu Liechtenstein gewidmeten Dotation. CXXVI, p. XXIII.

Commission für archäologische Erforschung Kleinasiens: 2. Bericht über eine zweite Reise in Kilikien. CXXVIII, p. VIII.
***Communismus** der mährischen Wiedertäufer: Der — — im 16. und 17. Jahrhundert. Loserth. CXXX. p. VI.
Concilien-Commission: Die Quellen für den „Liber diurnus concilii Basileensis" des Petrus Bruneti. Beer. CXXIV, p. XVII. VII. Ioannes de Segovia, Historia gestorum Concilii Basileensis (Buch XVI). Fortsetzung. Beer. CXXVI. p. XIX.
— Monumenta conciliorum generalium, Concilium Basileense. Scriptorum tomi tertii, pars. III, enthaltend Collectio XVII von Ioannes de Segovia, Hist. gestorum gener. synodi Basileensis von Dr. Rudolf Beer. CXXVIII, p. IX.
— Die Quellen für den Liber diurnus concilii Basileensis des Petrus Bruneti von Dr. Rudolf Beer. CXXIV, p. XVII. VII.
Concordia, Journalisten- und Schriftstellerverein: Mittheilung von der Wahl Professors Josef Bayer zum Preisrichter der Grillparzer-Stiftung für das siebente Triennium 1890—1893. CXXI, p. XIV; für das achte Triennium 1893—1896. CXXIX, p. VI.
***Conrad** Celtes: Briefsammlung des Humanisten — —. Bibl. CXXIX, p. VIII.
Conze, Alexander, Dr., c. M.: Mittheilung über attische Grabreliefs. 3. Heft. CXXVI, p. XVI.
Cornaro, Friedrich von, venetianischer Gesandter: Berichte über die Belagerung und Rückeroberung Ofens im Jahre 1686. CXXV, p. XIII.
***Corpus** inscriptionum Indicarum. Vol. III. CXXI, p. X.
*— inscriptionum Latinarum. Vol. II. Suppl. Akademie der Wissenschaften in Berlin. CXXVIII, p. V.
*— scriptorum ecclesiasticorum latinorum. Vol. XXII und XXIII. St. Hilarii episcopi Pictaviensis Tractatus super Psalmos von A. Zingerle und Cypriani Galli Poetae Heptateuchos von R. Peiper. CXXIV, p. IX.
*— — Enthaltend Fausti Reiensis et Ruricii opera ex rec. Aug. Engelbrecht. CXXV, p. VII.
*— — Vol. XXV: S. Aurelii Augustini operum sect. VI, pars. I, ex rec. J. Zycha. CXXV, p. XI.
*— — S. Aurelii Augustini operum sect. VI, pars. II, ex rec. J. Zycha. CXXVI, p. XXIV.

*Corpus scriptorum ecclesiasticorum latinorum. Vol. XXVII. L. Lactantii opera omnia, rec. S. Brandt et G. Laubmann. Partis II, fasc. 1. CXXIX, p. VII.

*— inscriptionum Etruscorum, bearbeitet von Dr. Carl Pauli. CXXIX, p. XIII.

*Correspondance secrète du comte de Mercy-Argenteau avec l'empereur Joseph II et le prince de Kaunitz. Tome II et Introduction. Alfred Arneth et Jules Flammermont. CXXVI, p. V.

*Correspondenz des Landgrafen Georg von Hessen: Die — — aus den Jahren 1697 und 1698. Menčik. CXXVIII, p. X.

*Culturhistorische und sprachliche Beiträge zur Kenntniss des alten Peru. v. Tschudi. CXXI, p. XIX.

Curatorium der kaiserl. Akademie der Wissenschaften: Mittheilung, dass Se. k. u. k. Hoheit der durchlauchtigste Herr Curator Erzherzog Rainer die feierliche Sitzung am 21. Mai 1890 eröffnen werde. CXXII, p. X.

— — Mittheilung, dass Se. k. u. k. Hoheit der durchlauchtigste Herr Erzherzog Rainer die feierliche Sitzung am 30. Mai 1891 eröffnen werde. CXXIV, p. XXIII.

— — Mittheilung, dass Se. k. u. k. Hoheit der durchlauchtigste Herr Curator Erzherzog Rainer die feierliche Sitzung am 30. Mai 1892 mit einer Ansprache zu eröffnen geruhen werde. CXXVII, p. VII.

— der Schwestern Fröhlich-Stiftung: Kundmachung über die im Jahre 1892 stattfindende Verleihung der Stipendien und Pensionen. CXXVII, p. VIII.

Curator-Stellvertreter der kaiserl. Akademie der Wissenschaften: Ernennung Sr. Excellenz Dr. Carl von Stremayr zum — —. CXXX, p. VIII.

*Curiosités orientales de mon cabinet numismatique. Philipp Prinz von Sachsen-Coburg-Gotha. CXXV, p. XI.

Czerny, Albin: Die Anfänge der Reformation in der Stadt Steyr, 1520—1527. CXXVI, p. XIV.

Czörnig, le baron Carl von: Nécrologie. Carl von Scherzer. CXXI, p. V.

D.

Darmesteter, James: Chants populaires des Afghans. CXXII, p. XVI.
Delisle, L., E. M.: Choix de Lettres d'Eugène Burnouf, 1825 bis 1852. CXXV, p. XIII.
Denifle, Henricus O. P. auxiliante Aemilio Chatelain: Chartularium universitatis Parisiensis. CXXVI, p. XII.
***Denkschriften:** Zwei — Erzherzog Rainer's aus den Jahren 1808 und 1809. Wertheimer. CXXVI, p. V.
Descartes: Hielt — die Thiere für bewusstlos? Berger. CXXV, p. XI. CXXVI, p. IV.
Deutsche Rechtshörer in Italien: Quellen zur Geschichte — —. 3. Bericht. Luschin-Ebengreuth. CXXIV, p. XXV. XI.
— — Vorläufige Mittheilungen über die Geschichte — —. Luschin-Ebengreuth. CXXVII, p. V. II.
*— Wirthschaftsgeschichte des 10. bis 12. Jahrhunderts. Inama-Sternegg. CXXIV, p. XII.
***Deutsches** Leben im 14. und 15. Jahrhundert. Schultz. CXXVII, p. IX.
Diez-Stiftung: Mittheilung von der Wahl Professors Dr. Gustav Gröber in den Vorstand der — —. CXXV, p. VII.
— Mittheilung, dass der Vorstand der — — den Preis von 2000 Mark dem Professor Dr. Wilhelm Meyer-Lübke in Wien als Verfasser der Werke: Romanische Lautlehre und italienische Grammatik zuerkannt habe. CXXVII, p. IX.
Dimitz, L.: Jahrbuch der Staats- und Fondsgüter-Verwaltung. I. Jahrgang 1893. CXXX, p. VII.
Divinae institutiones et epitome divinarum institutionum. Pars I von Lactantii opera omnia. XIX. Band des Corpus scriptorum ecclesiasticorum latinorum. Brandt. CXXII, p. XIV.
Döllinger, Ignaz von, E.-M.: Mittheilung von seinem am 16. Jänner 1890 zu München erfolgten Ableben. CXXI, p. VI.
Dom Pedro II. d'Alcantara empereur du Brésil: Poésies Hébraico-Provençales du rituel Israélite Comtadin. CXXV, p. XIII.
***Donaugrenzwall:** Der —, das Strassennetz, die Städte etc. zur Römerzeit im Königreiche Serbien. Kanitz. CXXVI, p. XV.
Dopsch, Alfons, Dr.: Das Treffen bei Lobositz (1. October 1756), sein Ausgang und seine Folgen. CXXVI, p. X.

Dopsch, Alfons, Dr.: Entstehung und Charakter des österreichischen Landrechtes. CXXVII, p. IX.
Drei- und vierzeitige Längen bei Euripides: Ueber den Gebrauch — —. Reiter. CXXIX, p. V. III.
Dudík, P. Beda, c. M.: Mittheilung von seinem am 18. Jänner 1890 zu Raygern erfolgten Ableben. CXXI, p. VIII.
Dullinger, Josef: Das Finanz- und Merkantilsystem John Law's und sein Einfluss auf die Bildung österreichischer Handelscompagnien nach dem Oriente und nach Ostindien zu Beginn des 18. Jahrhunderts. CXXIX, p. V.
Dvořák, Max: Briefe Kaiser Leopold I. an Wenzel Euseb, Herzog in Schlesien zu Sagan, Fürsten von Lobkowitz 1657—1674. CXXIX, p. IX.

E.

Eberstein, L. F., Freiherr von: Urkundliche Geschichte des reichsritterlichen Geschlechtes Eberstein. CXXI, p. XII.
— Kriegsberichte des königl. dänischen General-Feldmarschalls Ernst Albrecht von Eberstein. CXXV, p. XIII.
— Beschreibung der Kriegsthaten des General-Feldmarschalls Ernst Albrecht von Eberstein (1606—1676). CXXVI, p. XXIII.
— Abriss der urkundlichen Geschichte des reichsfreiherrlichen Geschlechtes Eberstein. CXXIX, p. XII.
*****Edelmetalle**: Das Werthverhältniss der — während des Mittelalters. Luschin-Ebengreuth. CXXVII, p. VII.
Egger, Josef, Dr., Professor, c. M.: Danksehreiben für seine Wahl zum correspondirenden Mitgliede. CXXX, p. V.
— und Ignaz V. Zingerle: Die Tiroler Weisthümer. IV. Band, 2. Hälfte. CXXV, p. XIV.
Eichler, E., Regierungsrath: Das Justizwesen Bosniens und der Herzegowina. CXXI, p. VI.
*****Einsilbige** Neutra des Indogermanischen: Ueber die — —. Meringer. CXXIV, p. XXIV. CXXV. II.
*****Eldad** had Dâni: Die Recensionen und Versionen des — —. Müller. CXXVI, p. VIII.
d'Elvert, Christian, Ritter von: Neu-Brünn. I. Theil. CXXVIII, p. VII.

d'Elvert, Christian, Ritter von: Gedenkblätter zu seinem 90. Geburtstage. Loserth. CXXIX, p. VII.

Engelbrecht, Aug.: Fausti Reiensis et Ruricii opera. XXI. Band des Corpus scriptorum ecclesiasticorum latinorum. CXXV, p. VII.

*****Enthüllungen** des Freiherrn von Giangiacomo Cresceri über den Hof von Neapel 1796—1816. Memorie segrete. Helfert. CXXVI. p. XXVI.

*****Epigraphische** Denkmäler aus Abessinien nach Abklatschen von J. Theodor Bent. Müller. CXXX, p. VI.

Epilegomena zu der Ausgabe des Anekârthasaṁgraha. Zachariae. CXXIX, p. XII. XI.

*****Erwiderung** auf die von Herrn Geh. Justizrath von Schulte im akademischen Anzeiger publicirte Erklärung. Singer. CXXI, p. XIX.

Erzherzog Carl: Aldenhofen, Neermünden, Löwen (1., 18. und 22. März 1783). Zur Erinnerung an — —. Zeissberg. CXXVII, p. VII. VII.

***— Rainer:** Zwei Denkschriften des — — aus den Jahren 1808 und 1809. Wertheimer. CXXVI, p. V.

*****Erzherzoge** Johann und Ludwig: Aufenthalt der — — in England (1815 und 1816). Wertheimer. CXXVI, p. XXIII.

Erzwungene Versprechen: Das — — und seine Behandlung im deutschen Rechtsleben. Siegel. CXXVII, p. IX. II.

*****Etruskische** Mumienbinden: Die — — des Agramer Nationalmuseums. Krall. CXXVI, p. XXI.

Etymon im Altarabischen: Die Begriffsverstärkung durch das ־ —. Grünert. CXXV, p. IX. V.

Euripides: Alkestis: Exegetische und kritische Bemerkungen zu — —. Holzinger. CXXIV, p. XX. X.

— Ueber den Gebrauch drei- und vierzeitiger Längen bei —. Reiter. CXXIX, p. V. III.

Exclusionsrecht bei den Papstwahlen: Beiträge zur Geschichte des — —. Wahrmund. CXXII, p. VIII. XIII.

Ezzo's Gesang: Die Quelle von — — von den Wundern Christi. Kelle. CXXIX, p. VI. I.

F.

***Fausti** Reiensis et Ruricii opera ex rec. Aug. Engelbrecht. XXI. Band des Corpus scriptorum ecclesiasticorum latinorum. CXXV, p. VII.

Feierliche Sitzung der kaiserl. Akademie der Wissenschaften: Mittheilung, dass Se. k. u. k. Hoheit der durchlauchtigste Herr Curator Erzherzog Rainer die — — am 21. Mai 1890 eröffnen werde. CXXII, p. X.

— — am 30. Mai 1891 eröffnen werde. CXXIV, p. XXIII.

— — am 30. Mai 1892 eröffnen werde. CXXVII, p. VII.

***Feldzüge** des Prinzen Eugen von Savoyen. XVI. und XVII. Band. K. k. Kriegsarchivs-Direction. CXXIV, p. XVI; XVIII. und XIX. Band. CXXVI, p. XIII.

***Ferdinand I.**: Zur Resignation Karls V. und Kaiserwahl — —. Altmann. CXXVIII, p. VI.

***Finanz**- und Mercantilsystem John Law's: Das — — und sein Einfluss auf die Bildung österreichischer Handelscompagnien nach dem Oriente und nach Ostindien zu Beginn des 18. Jahrhunderts. Dullinger. CXXIX, p. V.

***Finanzen** Oesterreichs: Die — — von 1701—1740. Ansuchen um Bewilligung eines Druckkostenbeitrages. v. Mensi-Klarbach. CXXI, p. XIV.

*— — Dankschreiben für die Subventionirung des Werkes — —. v. Mensi-Klarbach. CXXIII, p. V.

*— — Vorlage der Pflichtexemplare. v. Mensi-Klarbach. CXXIII, p. XII.

Flammermont, Jules, und Alfred Ritter von Arneth: Correspondance secrète du comte de Mercy Argenteau avec l'empereur Joseph II et le prince de Kaunitz. T. II et Introduction. CXXVI, p. V.

***Französische** Gralromane: Ueber die — —. Heinzel. CXXIV, p. X.

*— Herrschaft in Oberitalien: Ausgang der — — und die Brescia-Mailänder Militärverschwörung. v. Helfert. CXXII, p. XI.

Fröhlich-Stiftung, Schwestern — —: Kundmachung über die im Jahre 1890 stattfindende Verleihung von Stipendien und Pensionen. CXXII, p. XVII.

Fröhlich-Stiftung, Schwestern — —: Kundmachung über die im Jahre 1892 stattfindende Verleihung von Stipendien und Pensionen. Curatorium. CXXVII, p. VIII.

— — Kundmachung über die im Jahre 1893 stattfindende Verleihung der Stipendien und Pensionen. CXXIX, p. XI.

Frühchristliche Dichter im Mittelalter: Beiträge zur Geschichte — —. Manitius. CXXI, p. XII. VII.

Fürst Johann von und zu Liechtenstein'sche Dotation zur archäologischen Erforschung Kleinasiens. Bericht der Commission über die Verwaltung. CXXVI, p. XXIII.

Fürstlich bulgarisches Unterrichts-Ministerium: Sammlung national-literarischer Gedichte und Schriften. CXXVIII, p. VII.

— — Sammlung national-literarischer Gedichte und Schriften. IV. Band. CXXIV, p. XXV; V. Band. CXXVI. p. X; VI. Band. CXXVII, p. V; VII. Band. CXXIX, p. X; IX. Band. CXXX, p. IX.

G.

*Gedenkmedaille, geprägt aus Anlass der Gründung der böhmischen Kaiser Franz Josef-Akademie für Wissenschaften, Literatur und Kunst in Prag. CXXVIII, p. V.

Gedicht von König Orendel: Ueber das — —. Heinzel. CXXVI, p. VII. I.

Gedichte und Fragmente des Aus ibn Hajar. Geyer. CXXVI, p. XXIV. XIII.

Gelbhaus, S., Dr.: Mittelhochdeutsche Dichtung in ihrer Beziehung zur biblisch-rabbinischen Literatur. 3. Heft. CXXIII, p. XVI; 4. Heft. CXXIX, p. VIII.

Gelcich, J., Professor: Zur älteren Staats- und Handelsgeschichte der Republik Venedig; ein Anhang zu den von den Herren Tafel und Thomas herausgegebenen Urkunden. CXXII, p. XIII.

Geldner, W. F., Dr., Professor: Avesta; VI. Lieferung. CXXII, p. XIII.

— III. Vendidâd; VII. Lieferung. CXXIX, p. VII.

*Géographie de la République Argentine. Latzina. CXXV, p. IX.

*Georg Castriota (Skanderbeg). Pisko. CXXV, p. XIV.

Gerba, R.: Polnischer Thronfolgekrieg. Feldzug 1735. CXXVI, p. XXIV.

Gesellschaft der Wissenschaften, königlich sächsische in Leipzig: Corpus inscriptionum Etruscorum, von Dr. Carl Pauli. CXXIX, p. XIII.

— — königliche, zu Göttingen: Chronica Hermanni Korneri, Fortsetzung der Herausgabe der Werke Wilhelm Weber's, Durchforschung der mitteldeutschen Archive für eine Geschichte der Bauernkriege. CXXIX, p. XIII.

Gesellschaft zur Förderung deutscher Wissenschaft, Kunst und Literatur in Böhmen: Anzeige von der Aufnahme ihrer Thätigkeit vom Mai 1891. CXXVIII, p. IX.

Geyer, Rudolf, Dr.: Gedichte und Fragmente des Aus ibn Hajar. CXXVI, p. XXIV. XIII.

Gindely, Anton, Dr., Professor, w. M.: Die maritimen Pläne der Habsburger und die Antheilnahme Kaiser Ferdinands II. am polnisch-schwedischen Kriege während der Jahre 1627 bis 1629. Ein Beitrag zur Geschichte des dreissigjährigen Krieges. CXXII, p. XXII.

— Nachricht von seinem am 24. October 1892 zu Prag erfolgten Ableben. CXXVIII, p. VIII.

*****Glagolitica**. Würdigung neuentdeckter Fragmente; mit 2 Tafeln. Jagić. CXXI, p. VII.

Glasser, Anton: Der Krakauer Aufstand vom Jahre 1816 nach den Papieren des k. k. Generalmajors von Collin. CXXVI, p. XXV.

Goldbacher, Al., Dr.: Ansuchen um Zusendung des Cod. Paris. nov. acqu. 1672, saec. IX aus der Nationalbibliothek in Paris. CXXVI, p. XXIII.

Gomperz, Theodor, Dr., Hofrath, Professor, w. M.: Beiträge zur Kritik und Erklärung griechischer Schriftsteller. IV. CXXII, p. VIII. IV.

— Philodem und die ästhetischen Schriften der herculanischen Bibliothek. CXXIII, p. XVI. VI.

— Ueber das neuentdeckte Werk des Aristoteles und die Verdächtiger seiner Echtheit. CXXIV, p. XXII.

— Die Schrift vom Staatswesen der Athener und ihr neuester Beurtheiler. CXXVI, p. V.

— Die jüngst entdeckten Ueberreste einer den Platonischen Phaedon enthaltenden Papyrusrolle. CXXVII, p. X. XIV.

— Mittheilung für den Anzeiger. CXXVII, p. X.

Gomperz, Theodor, Dr., Hofrath, Professor, w. M.: Bericht auf Grund brieflicher Mittheilungen des Herrn J. P. Mahaffy in Dublin über einen zu Tell Gurob in Aegypten aufgefundenen Plato-Papyrus. CXXVIII, p. X.
— Mittheilungen über die bisherigen Berathungen der Thesaurus-Commission und Feststellung des Programms. CXXX, p. VII.
Gottlieb, Theodor: Vorlage der Pflichtexemplare seines subventionirten Werkes ‚Ueber mittelalterliche Bibliotheken'. CXXIV, p. XVI.
*Gralromane: Ueber die französischen —. Heinzel. CXXIV, p. X.
Grantha-Manuscript: Ein — — des Hiraṇyakeśigṛihyasûtra. Kirste. CXXIV, p. V. IV.
*Granum catalogi praesulum Moraviae: Das — —. Loserth. CXXV, p. VII.
*Griechische Grabreliefs. 1. Heft, herausgegeben von Alexander Conze unter Mitwirkung von Michaelis, Postolakkas, v. Schneider, Löwy und Brückner. CXXII, p. XI.
— Schriftsteller: Beiträge zur Kritik und Erklärung — —. Gomperz. CXXII, p. VIII. IV.
*— Vasen: Die — — mit Lieblingsinschriften. Klein. CXXII, p. XI.
Griechisches zum ägyptischen Recht: Studien über das Verhältniss des — — im Lagidenreiche, insbesondere über Personal-Execution. Wessely. CXXIV, p. XIX. IX.
Grienberger, Theodor von, Dr.: Vindobona, Wienne. Eine etymologische Untersuchung. CXXX, p. VI.
Grillparzer-Stiftung: Wahl Professors Dr. Jos. Bayer zum Preisrichter der — — für das achte Triennium 1893—1896. CXXIX, p. VI.
Grillparzer-Preisgericht: Mittheilung über die Constituirung desselben für das nächste Triennium 1893—1896, bestehend aus: Professor J. Bayer, Director M. Burkhardt, Hofrath Fr. Uhl, H. Bulthaupt und R. Zimmermann. CXXIX, p. VIII.
Gröber, Gustav, Dr.: Wahl desselben in den Vorstand der Diez-Stiftung. CXXV, p. VII.
Grünert, Max, Dr.: Die Begriffsverstärkung durch das Etymon im Altarabischen. CXXV, p. IX. V.
Grunzel, Josef, Dr.: Beiträge zur Geschichte der osmanischen Literatur. CXXI, p. XVIII.

Grunzel, Josef, Dr.: Die sprachgeschichtliche Stellung des Japanesischen. CXXIV, p. XXII.

Gsell, Benedict, Dr., und Dr. Leopold Janauschek: Xenia Bernardina. 6 Bände. CXXVI, p. XXIV.

Günther, Otto, Dr.: Beiträge zur Chronologie der Briefe des Papstes Hormisda. CXXVI, p. XXI. XI.

Guidi: Die von — herausgegebene syrische Chronik. Nöldeke. CXXVIII, p. XII. IX.

H.

*__Hainburgs__ Städtenamen. Themer. CXXIII, p. VI.

Handels- und Gewerbekammer für Schlesien: Statistischer Bericht über die industriellen und gewerblichen Verhältnisse Schlesiens im Jahre 1885. CXXII, p. XX.

*__Handelspolitische__ Beziehungen Oesterreichs: Die — — zu den deutschen Staaten unter Maria Theresia. Beer. CXXIX, p. VII.

Handschlag und Eid: Der — — nebst den verwandten Sicherheiten für ein Versprechen im deutschen Rechtsleben. Siegel. CXXX, p. X. VI.

Handschriften des sogenannten Schwabenspiegels: XIII. Bericht über die Untersuchung von — —. v. Rockinger. CXXI, p. V. I.

— — XIV. Bericht über die Untersuchung von — —. v. Rockinger. CXXI, p. XV. X.

— — XV. Bericht über die Untersuchung von — —. v. Rockinger. CXXII, p. V. III.

Handschriftenschätze Spaniens. Bericht über eine im Auftrage der kais. Akademie in den Jahren 1886—1888 durchgeführte Forschungsreise. Beer. CXXIV, p. XV. VI; II. CXXV, p. XI. III; CXXVIII, p. XI. VIII; CXXVIII. XI.

Hartel, Wilhelm von, Dr., Hofrath, w. M.: Patristische Studien. II. Zu Tertullian ad nationes. CXXI, p. V. II.

— — III. Zu Tertullian ad nationes, de testimonio animae, scorpiace. CXXI, p. XII. VI.

— — IV. Zu Tertullian de oratione, de baptismo, de pudicitia, de ieiunio, de anima. CXXI, p. XIX. XIV.

— Tabulae codicum lat. VIII. Band. CXXVI, p. XIX.

Hartel, Wilhelm von, Dr., Hofrath, w. M.: Vorlage des ältesten Stadtplanes Wiens im Besitze der Hofbibliothek. (Nr. 13858, Suppl. 1586.) CXXVI, p. XXV.
Heberdey, Rudolf, Dr., und Dr. Adolf Wilhelm: Bericht über eine Reise in Kilikien. CXXVI, p. VIII.
— — Bericht über eine zweite Reise in Kilikien zur archäologischen Erforschung Kleinasiens. CXXVIII, p. VIII.
Hebräische Accente: Untersuchungen zur Entstehung und Entwicklung der — —. 1. Theil: Die Ursprünge der verticalen Bestandtheile in der Accentuation des hebräischen Bibeltextes und ihre masoretische Bedeutung. Büchler. CXXIV, p. X. V.
Heger, Rudolf, Dr.: Ansuchen um eine Reiseunterstützung zur Vollendung seiner Studien über die Urgeschichte des Kaukasus. CXXIV, p. XV.
Heinzel, Richard, Dr., Professor, w. M.: Ueber die französischen Gralromane. CXXIV, p. X.
— Ueber das Gedicht von König Orendel. CXXVI, p. VII. I.
— Wolfram von Eschenbach's ‚Parzival'. CXXX, p. VI. I.
*****Heirat Kaiser Leopolds I.: Die — — mit Margaretha Theresia von Spanien. Pribram. CXXIV, p. X.
Helfert, Josef Alexander, Dr., Freiherr von, Excellenz, c. M.: Ausgang der französischen Herrschaft in Oberitalien und die Brescia-Mailänder Militärverschwörung. CXXII, p. XI.
— Memorie segrete. Des Freiherrn Giangiacomo v. Cresceri Enthüllungen über den Hof von Neapel, 1796—1816. CXXVI, p. XXVI. CXXVII. IV.
*****Herbersteiniana**. Luschin v. Ebengreuth. CXXVIII, p. VI.
*****Heroon** von Gjölbaschi-Trysa: Das — —. II. Theil. Benndorf. CXXIV, p. XII.
Hilarius Codex: Der — — in Lyon. Zingerle. CXXVIII, p. XIII. X.
Hirsch, Heinrich, Dr.: Uebersichten der Staatswirthschaften, des Welthandels und Weltverkehrs. II. Jahrgang. CXXII, p. X.
*****Histoire** de Louis XII. I. und II. Band. Maulde-La-Clavière. CXXII, p. V.
Historische Topographie von Kleinasien im Mittelalter: Zur — — I. Die Küstengebiete und die Wege der Kreuzfahrer. Tomaschek. CXXIV, p. XXII. VIII.

Hochegger, Rudolf, Dr.: Das Blockbuch. Liber regum seu historia Davidis. Nach dem in der k. k. Universitäts-bibliothek zu Innsbruck befindlichen Original mit einer bibliographischen und kunstgeschichtlichen Erläuterung und Entzifferung des Textes, nebst einer Einleitung über die Entstehung und ursprüngliche Bedeutung der Blockbücher; zugleich ein Beitrag zur Geschichte des Unterrichtswesens. CXXI. p. VIII.

Hochzeit: Vom Rechte und die —. Kraus. CXXIII, p. VIII. IV.

Höfler, Constantin, Dr., Hofrath, w. M.: Die Katastrophe des herzoglichen Hauses der Borja's von Gandia, Niederlage und Flucht Don Juans II., Plünderung des Palastes Borja, 21. Juli 1521. CXXVI, p. XXV.

Hofmann, R.: Der Wiener Männer-Gesangverein, Chronik der Jahre 1843—1893. CXXX, p. VII.

— F., Dr., Professor, w. M.: Begrüssung desselben als neu eingetretenes Mitglied. CXXIII, p. V.

*****Holländisch-chinesisches** Wörterbuch: Supplementband zum — —. Schlegel. CXXIV, p. XXV.

Holzinger, Carl Ritter von, Dr., Professor: Exegetische und kritische Bemerkungen zu Euripides' „Alkestis". CXXIV, p. XX. X.

Huber, Alfons, Dr., Professor: Die Verhandlungen Ferdinands I. mit Isabella von Siebenbürgen. 1551—1555. CXXV, p. XIV.

*****Hubmayer,** Balthasar, Dr.; Christian Ritter d'Elvert: Gedenkblätter. Loserth. CXXIX, p. VII.

Huemer, Johann, Dr.: Juvencus. XXIV. Band des Corpus scriptorum ecclesiasticorum latinorum. CXXIII, p. X.

— Ansuchen um Beschaffung von Collationen mehrerer Codices zur Herausgabe des Hieronymus. CXXIV, p. VII.

*****Husitenkriege** in Mähren: Beiträge zur Geschichte der — —. Bretholz. CXXIX, p. IX.

I.

Idealismus Berkeley's: Der — — in den Grundlagen untersucht. Loewy. CXXII, p. XVII. CXXIV. I.

Ihering, Rudolf von, Dr., Geh. Justizrath: Gedenken des Verlustes, den die Akademie durch sein am 17. September 1892 erfolgtes Ableben erlitten hat. CXXVIII, p. VI.

Imhoof-Blumer, Fr., c. M.: Dankschreiben für seine Wahl zum
  correspondirenden Mitgliede. CXXX, p. V.
Inama-Sternegg, C. Th. von, Dr., c. M.: Deutsche Wirthschafts-
  geschichte des 10. bis 12. Jahrhunderts. CXXIV, p. XII.
Indian Studies. Nr. I. The Jagadûcharita of Sarvânanda, a histo-
  rical romance from Gujarât. Bühler. CXXVI, p. XIII. V.
  Nr. II. Contributions to the History of the Mahâbhârata.
  Bühler und Kirste. CXXVII, p. IX. XII.
Indische Inschriften: Die — — und das Alter der indischen
  Kunstpoesie. Bühler. CXXII, p. XXI. XI.
 — Kunstpoesie: Die indischen Inchriften und das Alter der
  — —. Bühler. CXXII, p. XXI. XI.
*— Lexikographie: Auszug aus dem Berichte der Commission
  zur Herausgabe der Quellenschriften der — —. Bühler.
  CXXX, p. VIII.
Indogermanische Declination: Beiträge zur Geschichte der — —.
  Meringer. CXXV. II.
*Insel Menorka: Die — —. I. Allgemeiner Theil. Sonder-
  abdruck aus dem Werke: Die Balearen. In Wort und
  Bild geschildert. Ludwig Salvator. CXXIII, p. VIII.
*— — II. Specieller Theil. Ludwig Salvator. CXXV, p. V.
Institut, königl. preussisches historisches in Rom und königl.
  preussische Archivverwaltung: Nuntiaturberichte aus
  Deutschland. I. Abtheilung. 1. und 2. Band. CXXVIII, p. V;
  III. Abtheilung, 1572—1585. 1. Band. CXXVIII, p. XI.
*Inventaire sommaire des archives du département des affaires
  étrangères. Mémoires et documents. Fonds divers. CXXVIII,
  p. XIII.
*Ioannes de Segovia, Historia gestorum concilii Basileensis
  (Buch XVI). Fortsetzung. Beer. CXXVI. p. XIX.
Ipomedon: Sulla critica del testo del romanzo in francese antico:
  —. Mussafia. CXXI, p. XIX. XIII.
Iranjee Dinschau Petit: Reisewerk über Europa, Amerika,
  Japan und China. CXXII. p. XIII.
*Isabella von Siebenbürgen: Die Verhandlungen Ferdinands I.
  mit — — 1551—1555. Huber. CXXV. p. XIV.
Isidors Synonyma (II. 50—103) im Papyrus Nr. 226 der Biblio-
  thek zu St. Gallen. Wotke. CXXVI, p. XXII. CXXVII. I.
Itala des heiligen Augustinus: Die Bibelexcerpte de divinis
  scripturis und die — —. Weihrich. CXXIX, p. VII. II.

J.

Jäger, Albert, Dr., Professor, w. M.: Mittheilung von seinem am 10. December 1891 in Innsbruck erfolgten Ableben. CXXVI, p. XVIII.

Jähns, Max: Geschichte der Wissenschaften in Deutschland. Neuere Zeit. XXI. Band. Geschichte der Kriegswissenschaften, vornehmlich in Deutschland. 1. Abtheilung. CXXI, p. X; 2. Abtheilung. CXXII, p. XXI; 3. Abtheilung. CXXIV, p. XXII.

Jagadûcharita: The — of Sarvânanda, a historical romance from Gujarât. Bühler. CXXVI, p. XIII. V.

Jagić, Vatroslav, Dr., Professor, Hofrath, w. M.: Glagolitica. Würdigung neuentdeckter Fragmente; mit 2 Tafeln. CXXI, p. VII.

— Slavische Incunabeln auf Pergament. CXXIII. p. X

— L. Thallóczy und F. Wickhoff: Missale Glagoliticum Hervoiae, ducis Spalatensis rec. — —. CXXIV, p. XXIII.

— Die Menandersentenzen in der altkirchenslavischen Uebersetzung. CXXVI, p. XXII. VII.

— Das byzantinische Lehrgedicht Spaneas in der kirchenslavischen Uebersetzung. CXXVII, p. VII. VIII.

— Slavische Beiträge zu den biblischen Apokryphen. I. Die altkirchenslavischen Texte des Adambuches. CXXVIII, p. X.

— Mittheilung für den Anzeiger. CXXIX, p. VI.

— Der erste Cetinjer Kirchendruck vom Jahre 1494. Eine bibliographisch-lexikalische Studie. CXXX, p. VI.

*Jahrbuch der Staats- und Fondsgüter-Verwaltung. I. Jahrgang 1893. Dimitz. CXXX, p. VII.

*Jahresbericht über den Fortgang der Monumenta und des Etats für das Jahr 1891/92. Abschrift des — —. Vorsitzender der Direction der Monumenta Germaniae historica. CXXIV, p. XXIV.

Jaksch, August von, Archivar: Die Einführung des Johanniter-Ritterordens in Kärnten und dessen Commende und Pfarre Pulst daselbst. CXXII, p. VI.

Janauschek, Leopold, Dr., und Dr. Benedict Gsell: Xenia Bernardina. 6 Bände. CXXVI, p. XXIV.

*Jesuitenorden: Zur Geschichte des — in Ungarn seit dem Linzer Frieden bis zum Ergebnisse der ungarischen Magnatenverschwörung 1645—1671. Krones. CXXVIII, p. XIV.

— Zur Geschichte Ungarns 1671—1683 mit besonderer Rücksicht auf die Thätigkeit und die Geschichte des —. Krones. CXXIX, p. XIII.

Jireček, Constantin, Dr., Professor, c. M.: Danksehreiben für seine Wahl zum correspondirenden Mitgliede. CXXV, p. XIII.

*Johanniter-Ritterorden in Kärnten: Die Einführung des — — und dessen Commende und Pfarre Pulst daselbst. Jaksch. CXXII, p. VI.

*Josefina. Wolf. CXXI, p. XIV.

*Justizwesen: Das — Bosniens und der Herzegowina. Eichler. CXXI, p. VI.

*Juvencus. XXIV. Band des Corpus scriptorum ecclesiasticorum latinorum; bearbeitet von J. Huemer. CXXIII, p. X.

K.

*Kaiser Friedrich III.: Urkundliche Nachträge zur österreichisch-deutschen Geschichte im Zeitalter — —. Bachmann. CXXV, p. V.

*— Karl VI.: Geschichte — — als König von Spanien. Landau. CXXI, p. XII.

*— Leopold I.: Briefe — — an Wenzel Euseb, Herzog in Schlesien zu Sagan, Fürsten von Lobkowitz, 1657—1674. Dvořak. CXXIX, p. IX.

Kállay de Nagy-Kálló Benjamin, k. k. Reichs-Finanzminister, Excellenz, E.-M.: Danksehreiben für seine Wahl zum Ehrenmitgliede. CXXV, p. XII.

Kanitz, F.: Der Donaugrenzwall, das Strassennetz, die Städte etc. zur Römerzeit im Königreiche Serbien. CXXVI, p. XV.

Karabacek, Josef, Dr., Professor, w. M.: Mittheilung über den im kaiserlichen Schatze zu Constantinopel bewahrten Brief des Propheten Mohammed an den Mokaukis von Aegypten. CXXIV, p. XIX.

— Papyrus Erzherzog Rainer. Führer durch die Ausstellung. I. Theil. CXXVIII, p. VII.

Karabacek: Ein römischer Cameo aus dem Schatze der Aijûbiden-Sultâne von Hamâh. CXXIX, p. VI. V.
***Karien** und Phrygien: Bericht über eine Reise in — —. Kubitschek und Reichel. CXXX. p. IX.
Karl, Alexander, Abt: Catalogus codicum manuscriptorum qui in bibliotheca Monasterii Mellicensis O. S. B. servantur. CXXI, p. XIV.
***Karl V.**: Zur Resignation — — und Kaiserwahl Ferdinands I. Altmann. CXXVIII. p. VI.
Karolingische Kunst: Beiträge zur Geschichte der — —. v. Schlosser. CXXII, p. VIII. CXXIII, p. II.
Károlyi, Tiburtius, Graf: Codex diplomaticus comitum Károlyi de Nagy-Károly. Bände I—IV. CXXV, p. VII.
***Katastrophe** des herzoglichen Hauses der Borja's von Gandia: Die — — Niederlage und Flucht Don Juans II., Plünderung des Palastes Borja, 21. Juli 1521. Höfler. CXXVI, p. XXV.
Kelle, Johann, Dr., Professor: Die Quelle von Ezzo's Gesang von den Wundern Christi. CXXIX. p. VI. I.
— Dankschreiben für seine Wahl zum wirklichen Mitgliede. CXXX, p. V.
Kern, H., Dr.: The Jātaka-Mālā or Bodhisattvāvadāna-Mālā by Ārya-Çūra. CXXVIII. p. X.
Kiepert, Heinrich, Dr., Professor, c. M.: Dankschreiben für seine Wahl zum correspondirenden Mitgliede. CXXIII. p. VIII.
***Kilikien**: Bericht über eine zweite Reise in — zur archäologischen Erforschung Kleinasiens. Heberdey und Wilhelm. CXXVIII, p. VIII.
Kirchenväter-Commission: Die Mauriner-Ausgabe des Augustinus. Ein Beitrag zur Geschichte der Literatur und der Kirche im Zeitalter Ludwigs XIV. Kukula. I. Theil. CXXI, p. XI. V; II. Theil. CXXII, p. XVI. VIII; III. Theil. CXXVII, p. VI. V.
— — Beiträge zur Geschichte frühchristlicher Dichter im Mittelalter. II. Dr. M. Manitius. CXXI. p. XII. VII.
— — Bibliotheca patrum latinorum Britannica, bearbeitet von Professor Dr. Heinrich Schenkl. CXXI. p. XIV. IX; II. CXXIII, p. XIII. V; III. CXXIV, p. X. III; IV. CXXVI. p. XIX. VI; V. CXXVII. p. VII. IX.

Kirchenväter - Commission: Corpus scriptorum ecclesiasticorum latinorum, enthaltend von Lactantii opera omnia pars I: divinae institutiones et epitome divinarum institutionum in der Ausgabe von Herrn Samuel Brandt. CXXII, p. XIV.

— — XXI. Band, enthaltend Fausti Reiensis et Ruricii opera ex rec. Aug. Engelbrecht. CXXV, p. VII.

— — XXII. und XXIII. Band. S. Hilarii episcopi Pictaviensis Tractatus super psalmos von A. Zingerle und Cypriani Galli Poetae Heptateuchos von R. Peiper. CXXIV, p. IX.

— — XXIV. Band. Werke des Juvencus von Dr. Johann Huemer. CXXIII, p. X.

— — XXV. Band. S. Aurelii Augustini operum sect. VI, pars I ex rec. J. Zycha. CXXV, p. XI; pars II. CXXVI, p. XXIV.

— — XXVII. Band. L. Lactantii opera omnia rec. S. Brandt et G. Laubmann. Partis II, fasc. 1. CXXIX, p. VII.

— — Handschriftenschätze Spaniens. Bericht über eine im Auftrage der kais. Akademie in den Jahren 1886—1888 durchgeführte Forschungsreise, von Dr. Rudolf Beer. CXXIV, p. XV. VI.

— — Bibliographische Nachträge zu Dr. Richard Kukula's Abhandlung: Die Mauriner Ausgabe des Augustinus von P. Odilo Rottmanner. CXXIV, p. XXVII. XIII.

— — Ueber die Entstehungsverhältnisse der Prosaschriften des Lactantius und des Buches de mortibus persecutorum von S. Brandt. CXXV, p. XI. VI.

— — Die Bibelexcerpte de divinis scripturis und die Itala des heiligen Augustinus von Dr. Franz Weihrich. CXXIX, p. VII. II.

Kirste, Johann, Dr., Professor: Die Aussprache des Visarga. CXXI, p. X. XV.

— Ein Grantha-Manuscript des Hiraṇyakeśigṛihyasûtra. CXXIV, p. V. IV.

— Collation des in Aparârkas Yâjñavalkya-Dharmaśâstra-Nibandha enthaltenen Textes der Yâjñavalkya-Smṛiti, und Analyse der bei Aparârka vorkommenden Citate. CXXIX, p. V.

— und Dr. G. Bühler: Beiträge zur Erforschung der Geschichte des Mahâbhârata. CXXVII, p. IX. XII.

Klein, Wilhelm, Dr., Professor: Die griechischen Vasen mit Lieblingsinschriften. CXXII, p. XI.

***Kleine** historische Schriften. Wolf. CXXVI. p. XXII.
***Kleinere** Schriften von Ferdinand Wolf. Stengel. CXXII, p. X.
***Kloster** Admont und seine Beziehungen zur Wissenschaft und zum Unterricht. Danksehreiben für bewilligte Subvention zur Herausgabe der Schrift: — —. Wichner. CXXV, p. XIII.
— — Vorlage der Pflichtexemplare. Wichner. CXXVI, p. X.
***Kölner** Handschriften des Augustinus: De consensu evangelistarum libri IV und „De sermone, quem dominus discipulis in monte locutus est'. Ansuchen um Erwirkung der Möglichkeit, zwei — — in Wien zu collationiren. Weihrich. CXXIV. p. VIII.
König Orendel: Ueber das Gedicht von — —. Heinzel. CXXVI, p. VII. I.
***Königswahl**: Zur deutschen — Maximilians I. Bachmann. CXXII, p. XVII.
Kohlhammer, Verlagshandlung: Vorlage der Pflichtexemplare des von Professor Geldner herausgegebenen Avesta. Sechste Lieferung. CXXII, p. XIII.
Kohut, Alexander, Dr.: Ansuchen um Gewährung eines Druckkostenbeitrages für den VI. Band des Aruch completum. CXXII, p. VIII.
— Vorlage der Pflichtexemplare des subventionirten VI. Bandes des Aruch completum. CXXII, p. XXI.
— Vorlage des VII. Bandes seines Aruch completum und Subventionsansuchen. CXXVI, p. V.
***Krakauer** Aufstand: Der — — vom Jahre 1846 nach den Papieren des k. k. Generalmajors von Collin. Glasser. CXXVI, p. XXV.
Krall, Jakob, Professor, c. M.: Studien zur Geschichte des alten Aegypten. IV. Das Land Punt. CXXI, p. XII. XI.
— Danksehreiben für seine Wahl zum correspondirenden Mitgliede. CXXIII, p. V.
— Die etruskischen Mumienbinden des Agramer Nationalmuseums. CXXVI, p. XXI.
***Krankheitsstatistik** der Krankencassen im Jahre 1890. Ministerium des Innern. CXXVII, p. VI.
*— Die Gebahrung und die Ergebnisse der — im Jahre 1890. Ministerium des Innern. CXXIX, p. XII.

Krankheitsstatistik. Die Gebarung und Ergebnisse der — der Krankencassen im Jahre 1891. Ministerium des Innern. CXXX, p. VII.

Kraus, Karl, Dr.: Vom Rechte und die Hochzeit. Eine literarhistorische Untersuchung. CXXIII, p. VIII. IV.

Kremer, Alfred Freiherr von, Minister a. D., w. M.: Gedenken des Verlustes, den die Akademie durch sein am 27. December 1889 erfolgtes Ableben erlitten hat. CXXI, p. V.

Kreolische Studien. IX. Ueber das Malaioportugiesische von Batavia und Tugu. Schuchardt. CXXII, p. XXI. XII.

Kreuzfahrer: Die Küstengebiete und die Wege der —. Zur historischen Topographie von Kleinasien im Mittelalter. I. Tomaschek. CXXIV, p. XXII. VIII.

Kriegsarchivs-Direction, k. u. k.: Feldzüge des Prinzen Eugen von Savoyen. XVI. und XVII. Band. CXXIV, p. XVI.

— — XVIII. und XIX. Band. CXXVI, p. XIII.

— — XV. und XX. Band. Spanischer Successionskrieg. Feldzug 1713 von O. v. Machalicky und polnischer Thronfolgekrieg. Feldzug 1735 von R. Gerba. CXXVI, p. XXIV.

— — Ortsnamen- und Sachregister. CXXVIII, p. XII.

— — Mittheilungen. N. F. VI. Band. Kriegschronik Oesterreich-Ungarns. CXXVII. p. IX.

— — Mittheilungen des k. k. Kriegsarchivs. N. F. VII. Band. CXXIX, p. XII.

Kriegschronik Oesterreich-Ungarns. Supplementband zu den Mittheilungen des k. u. k. Kriegsarchivs, N. F. VI. Band. Kriegsarchivs-Direction. CXXVII, p. IX.

Kriegsthaten: Beschreibung der — des General-Feldmarschalls Ernst Albrecht von Eberstein (1606—1676). Eberstein. CXXVI, p. XXIII.

Kriegswissenschaften: Geschichte der —. 1. Abtheilung. XXI. Band der Geschichte der Wissenschaften vornehmlich in Deutschland. Jähns. CXXI, p. X.

*— — 2. Abtheilung. CXXII, p. XXI.

*— — 3. Abtheilung. Neuere Zeit. CXXIV, p. XXII.

Kritik und Erklärung des Mīnōig Chrat: Beiträge zur — —. Friedr. Müller. CXXV, p. V. I.

— und Erklärung griechischer Schriftsteller: Beiträge zur — —. Gomperz. CXXII, p. VIII. IV.

Kritische Studien zu Seneca de beneficiis et de clementia. Müller. CXXVII, p. VI. III.

— Studien zu den Naturales Quaestiones Seneca's. Müller. CXXX, p. V. III.

Krones, Franz Ritter von, Dr., Professor, c. M.: Josef Freiherr von Simbschen und die Stellung Oesterreichs zur serbischen Frage 1807—1810. CXXII, p. VI.

— Feldzeugmeister Josef Freiherr von Simbschen 1810—1818, sein kriegsrechtlicher Process und seine Rehabilitirung nach ungedruckten Aufzeichnungen. CXXIII, p. XII.

— Zur Geschichte des Jesuitenordens in Ungarn seit dem Linzer Frieden bis zum Ergebnisse der ungarischen Magnatenverschwörung 1645—1671. CXXVIII, p. XIV.

— Zur Geschichte Ungarns 1671—1683 mit besonderer Rücksicht auf die Thätigkeit und die Geschichte des Jesuitenordens. CXXIX, p. XIII.

Kubitschek, Wilhelm, Dr. und Dr. Wolfgang Reichel: Bericht über eine Reise in Karien und Phrygien. CXXX, p. IX.

Kühnert, Franz, Dr.: Zur Kenntniss der älteren Lautwerthe des Chinesischen. CXXII, p. XIV. IX.

— Ueber die Bedeutung der drei Perioden Tschang, Pu und Ki, sowie den Elementen- und sogenannten Wahlcyklus bei den Chinesen. CXXIV, p. XXVII. CXXV, p. IV.

Küstengebiete und die Wege der Kreuzfahrer: Die — —. Zur historischen Topographie von Kleinasien im Mittelalter I. Tomaschek. CXXIV, p. XXII. VIII.

Kuhn, Franz Freiherr von, k. u. k. Feldzeugmeister, Ordenskanzler des Maria Theresienordens: Neue Folge der Ordensgeschichte. 3. Abtheilung, 1850—1890, zugleich Fortsetzung des Werkes: Der Militär-Maria Theresien-Orden und seine Mitglieder. 1857. CXXIII, p. XIX.

Kukula, R. C., Dr.: Die Mauriner Ausgabe des Augustinus. Ein Beitrag zur Geschichte der Literatur und der Kirche im Zeitalter Ludwigs XIV. I. Theil. CXXI, p. XI. V; II. Theil. CXXII, p. XVI. VIII; III. Theil, 1. CXXVII, p. VI. V.

Kunama-Sprache: Die — — in Nordost-Afrika. III. Reinisch. CXXII, p. XI. V; IV. CXXIII, p. VI. I.

Kunstgeschichte aus den Schriftquellen des frühen Mittelalters: Beiträge zur — —. Schlosser. CXXIII, p. II.
Kutschera, Karl A. J. F.: Versiegeltes Schreiben behufs Wahrung der Priorität, betitelt: Socrates und Comenius. CXXIV, p. XXV.

L.

***Lactantii**, L. opera omnia. Partis II, fasc. 1 ex recensione S. Brandt et G. Laubmann. CXXIX, p. VII.
Lactantius: Ueber die Entstehungsverhältnisse der Prosaschriften des — und des Buches De mortibus persecutorum. Brandt. CXXV, p. XI. VI.
Lanckoroński, Karl Graf von, G. Niemann und E. Petersen: Städte Pamphyliens und Pisidiens. I. Band: Pamphylien. CXXII, p. VIII; II. Band: Pisidien. CXXVII, p. VII.
Landau, Marcus, Dr.: Geschichte Kaiser Karls VI. als König von Spanien. CXXI, p. XII.
Landesausschuss der Markgrafschaft Mähren: Codex diplomaticus et epistolaris Moraviae, XII. Band, herausgegeben vom Landesarchivar Vincenz Brandl. CXXII, p. XVII.
— des Königreiches Böhmen: Archiv Česky, IX. Band. CXXI, p. XII; X. Band. CXXIV, p. XVI; XI. und XII. Band. CXXIX, p. IX.
— — Die böhmischen Landtagsverhandlungen und Landtagsbeschlüsse vom Jahre 1526 bis auf die Neuzeit. VI. Band (1581—1585). CXXII, p. X.
Lang, Karl, c. M.: Mittheilung von seinem schon vor längerer Zeit im Auslande erfolgten Ableben. CXXV, p. VII.
Latzina, F.: Géographie de la République Argentine. CXXV, p. IX.
Laubmann, G. et S. Brandt: Corpus scriptorum ecclesiasticorum latinorum. Vol. XXVII L. Lactantii opera omnia, rec. — —. CXXIX, p. VII.
Lautlehre der indogermanischen Bestandtheile des Albanesischen. Albanesische Studien III. Meyer. CXXV, p. XIV. XI.
Lautwerthe des Chinesischen: Zur Kenntniss der älteren — —. Kühnert. CXXII, p. XIV. IX.
***Lebon**, M. André: Recueil des Instructions données aux ambassadeurs et ministres de France en Bavière. CXXI, p. X.

Lehnworte: Die slavischen, albanischen und rumänischen — im Neugriechischen. Neugriechische Studien II. Meyer. CXXX, p. VIII. V.

Leibniz bei Spinoza. Eine Beleuchtung der Streitfrage. Zimmermann. CXXVII, p. V. II.

Leitomischl, Direction des k. k. Staatsobergymnasiums: Dankschreiben für Ueberlassung akademischer Publicationen. CXXII, p. XIV.

Letzten Staufer: Die — —. Beiträge und Kritik zur steierischen Reimchronik und zur Reichsgeschichte im 13. und 14. Jahrhundert. IV. Busson. CXXVI, p. XXIII. X.

Liber diurnus concilii Basileensis des Petrus Brunetti: Die Quellen des — —. Beer. LXXIV, p. XVII. VII.

Libertus orcinus: Ueber den — —. Pfaff. CXXIX, p. XII. XII.

***Libri** citationum et sententiarum. V. Band. Brandl. CXXIX, p. V.

Liechtenstein, Johann, regierender Fürst von und zu —, E. M.: Widmung von 30.000 Gulden für archäologische Durchforschung von Kleinasien. CXXI, p. XVII.

Lindsay, James: The progressiveness of Modern Christian Thought. CXXIX, p. IX.

Livius: Zur vierten Decade des —. Zingerle. CXXVIII, p. X. V.

***Lobkowitz**, Wenzel Euseb Fürst: Briefe Kaiser Leopold I. an — —, Herzog in Schlesien zu Sagan. 1657—1674. Dvořak. CXXIX, p. IX—X.

***Lobositz**: Das Treffen bei — (1. October 1756), sein Ausgang und seine Folgen. Dopsch. CXXVI, p. X.

Loewy, Theodor, Dr.: Der Idealismus Berkeley's in den Grundlagen untersucht. CXXII, p. XVII; CXXIV, p. I.

Löwy, W., Dr. und Dr. St. Sedlaczek: Statistisches Jahrbuch der Stadt Wien für das Jahr 1891. IX. Jahrgang. CXXX, p. VIII.

Loserth, J., Dr., Professor: Die Stadt Waldshut und die vorderösterreichische Regierung in den Jahren 1523—1526. Ein Beitrag zur Geschichte der Reformation in Vorderösterreich und des Bauernkrieges. CXXIII, p. VIII.

— Das Granum catalogi praesulum Moraviae. CXXV, p. VII.

— Der Anabaptismus in Tirol von seinen Anfängen bis zum Tode Jakob Huter's (1526—1536). Aus den hinterlassenen Papieren des Hofrathes Dr. J. R. von Beck. CXXVI, p. V.

Loserth, J., Dr., Professor: Der Anabaptismus in Tirol vom Jahre 1536 bis zu seinem Erlöschen. CXXVIII, p. VII.
— Dr. Balthasar Hubmaier; Christian Ritter d'Elvert. Gedenkblätter zu seinem 90. Geburtstage. CXXIX, p. VII.
— Der Communismus der mährischen Wiedertäufer im 16. und 17. Jahrhundert. CXXX, p. VI.
— Sigmar und Bernhard von Kremsmünster. Kritische Studien zu den Geschichtsquellen von Kremsmünster im 13. und 14. Jahrhundert. CXXX, p. IX.
Ludwig Salvator, k. und k. Hoheit Erzherzog, E.-M.: Die Insel Menorca. I. Allgemeiner Theil. Sonderabdruck aus dem Werke: Die Balearen. In Wort und Bild geschildert. 1890. CXXIII, p. VIII.
— Die Insel Menorca. II. Specieller Theil. CXXV, p. V.
Lukas, Franz, Dr., Professor: Geschichtliche Untersuchungen über Raum und Zeit. CXXIII, p. XIX.
Luschin von Ebengreuth, Arnold von, Dr., Professor, c. M.: Bericht über die anlässlich der Bologneser Jubelfeier erschienenen Schriften über den Stand seiner Vorarbeiten für das Verzeichniss der deutschen Rechtshörer an italienischen Universitäten. CXXI, p. XIX.
— Quellen zur Geschichte deutscher Rechtshörer in Italien (3. Bericht). CXXIV, p. XXV. XI.
— Vorläufige Mittheilungen über die Geschichte deutscher Rechtshörer in Italien. CXXVII, p. V. II.
— Das Werthverhältniss der Edelmetalle während des Mittelalters. CXXVII, p. VII.
— Herbersteiniana. CXXVIII, p. VI.
— Dankschreiben für seine Wahl zum wirklichen Mitgliede. CXXVIII, p. VI.

M.

Maassen, Friedrich, Dr., Hofrath, Professor, w. M.: Wahl desselben als Vertreter der kaiserl. Akademie in die Centraldirection der Monumenta Germaniae. CXXIV, p. XII.
Machalicky, O. von: Spanischer Successionskrieg. Feldzug 1713. CXXVI, p. XXIV.

***Mährens** Geschichte. I. Band, 1. Abtheilung. Bretholz. CXXX, p. X.

*— Uebergabe an Herzog Albrecht V. von Oesterreich im Jahre 1423 (Beiträge zur Geschichte der Husitenkriege in Mähren). Bretholz. CXXIX, p. IX.

***Mährische** Wiedertäufer: Der Communismus der — — im 16. und 17. Jahrhundert. Loserth. CXXX, p. VI.

Mahâbhârata: Beiträge zur Erforschung der Geschichte des —. Bühler und Kirste. CXXVII, p. IX. XII.

Mahler, Eduard, Dr.: Ansuchen um Subvention zur Drucklegung des Werkes: ‚Grundzüge der technischen Chronologie.' CXXIV, p. VII.

Malaioportugiesisches: Ueber das — von Batavia und Tugu. Kreolische Studien IX. Schuchardt. CXXII, p. XXI. XII.

Manitius, M., Dr.: Beiträge zur Geschichte frühchristlicher Dichter im Mittelalter. II. CXXI, p. XII. VII.

Marchand, M. Alfred: Les poètes lyriques de l'Autriche. Zwei Bände 1886 und 1889. CXXII, p. X.

Marienlegenden: Studien zu den mittelalterlichen — —. IV. Mussafia. CXXIII, p. XVIII. VIII.

***Maritime** Pläne der Habsburger: Die — — und die Antheilnahme des Kaisers Ferdinand II. am polnisch-schwedischen Kriege während der Jahre 1627—1629. Ein Beitrag zur Geschichte des dreissigjährigen Krieges. Gindely. CXXII, p. XXII.

Mascarelli di Monteverede, Carlo: Omaggio e ricordo al nostro Augusto sovrano Francisco Giuseppe I. CXXI, p. X.

Maulde-La Clavière, R. de: Les origines de la révolution française au XVIe siècle. — La veille de la réforme. CXXI, p. VI.

— Histoire de Louis XII. I. und II. Band. CXXII, p. V.

Mauriner Ausgabe des Augustinus: Die — —. Ein Beitrag zur Geschichte der Literatur und der Kirche im Zeitalter Ludwig XIV. Kukula. I. Theil. CXXI, p. XI. V. II. Theil. CXXII, p. XVI. VIII. III. Theil. 1. CXXVII, p. VI. V.

— — Bibliographische Nachträge zu Dr. Richard Kukula's Abhandlung — —. Rottmanner. CXXIV, p. XXVII. XIII.

Maximilian I.: Zur deutschen Königswahl — —. Bachmann. CXXII, p. XVII.

***Maximilians** Gefangennahme zu Brügge und der Reichskrieg K. Friedrichs III. gegen Flandern. Abramowski. CXXVIII, p. VIII.

*Médaille commémorative: Une — — de la fondation et de l'achèvement de la ville de Sultanije (1305—1315). Fürst Philipp Sachsen-Coburg-Gotha. CXXVI, p. XXI.

*Meister von Palmyra: Dankschreiben Dr. Adolf Wilbrandt's für den seiner dramatischen Dichtung — — zuerkannten Grillparzer-Preis. CXXI, p. VIII.

Mell, Anton, Dr.: Ueber mittelalterliche Urbare und urbariale Aufzeichnungen in Steiermark. CXXVI, p. XXIII.

*Memorie segrete. Des Freiherrn Giangiacomo von Cresceri Enthüllungen über den Hof von Neapel. 1796—1816. Helfert. CXXVI, p. XXVI. CXXVII, p. IV.

Menandersentenzen: Die — in der altkirchenslavischen Uebersetzung. Jagić. CXXVI, p. XXII. VII.

Menčik, Ferdinand: Die Correspondenz des Landgrafen Georg von Hessen aus den Jahren 1697 und 1698. CXXVIII, p. X.

Mensi-Klarbach, Franz Freiherr von, Dr.: Die Finanzen Oesterreichs von 1701 bis 1740 mit dem Ansuchen um Bewilligung eines Druckkostenbeitrages zur Herausgabe des Werkes. CXXI, p. XIV.

— Dankschreiben für die Subventionirung seines Werkes: Die Finanzen Oesterreichs von 1701 bis 1740. CXXIII, p. V.

— Vorlage der Pflichtexemplare des subventionirten Werkes: Die Finanzen Oesterreichs von 1701 bis 1740. CXXIII, p. XII.

Meringer, Rudolf, Dr.: Ueber die einsilbigen Neutra des Indogermanischen. CXXIV, p. CXXIV. CXXV. II.

— Beiträge zur Geschichte der indogermanischen Declination. p. CXXV. II.

Metrische Studien zu den Sibyllinischen Orakeln I. Rzach. CXXIV, p. XVIII. IX.

Meyer, Gustav, Dr., Professor, c. M.: Dankschreiben für seine Wahl zum correspondirenden Mitgliede. CXXV, p. XIII.

— Albanesische Studien III. Lautlehre der indogermanischen Bestandtheile des Albanesischen. CXXV, p. XIV. XI.

— Türkische Studien I. Die griechischen und romanischen Bestandtheile im Wortschatze des Osmanisch-Türkischen. CXXVII, p. X. CXXVIII, I.

— Neugriechische Studien I. Versuch einer Bibliographie der neugriechischen Mundartenforschung. CXXX, p. VI. IV.

Meyer, Gustav, Dr., Professor, c. M.: Neugriechische Studien II. Die slavischen, albanischen und rumänischen Lehnworte im Neugriechischen. CXXX, p. VIII. V.

Meyer-Lübke, Wilhelm, Dr.: Zuerkennung des Dietz-Stiftungspreises von 2000 Mark für seine Rumänische Lautlehre und Italienische Grammatik. Dietz-Stiftung. CXXVII, p. IX.

Miklosich, Franz Ritter von, Dr., Excellenz, w. M.: Mittheilung von dem Verluste, welchen die Akademie durch sein am 7. März 1891 erfolgtes Ableben erlitten hat. CXXIV, p. XV.

***Militär-Maria Theresien-Orden** und seine Mitglieder: Neue Folge der Ordensgeschichte. (Dritte Abtheilung 1850—1890.) Kuhn. CXXIII, p. XIX.

Ministerium des Innern, k. k.: Die Gebarung und die Ergebnisse der Krankheitsstatistik der Krankencassen im Jahre 1890. CXXVII, p. VI.

— Die Gebarung und die Ergebnisse der Unfallstatistik im Jahre 1891. CXXIX, p. VIII.

— Die Gebarung und die Ergebnisse der Krankheitsstatistik im Jahre 1890. CXXIX, p. XII.

Minōīg Chrat: Beiträge zur Kritik und Erklärung des —. Müller Friedrich. CXXV, p. V. I.

***Missale** Glagoliticum Hervoiae ducis Spalatensis rec. V. Jagić, L. Thallóczy, F. Wickhoff. CXXIV, p. XXIII.

***Mittelalterliche** Bibliotheken: Ueber — —. Vorlage der Pflichtexemplare des subventionirten Werkes — —. Gottlieb. CXXIV, p. XVI.

— Marienlegenden: Studien zu den — —. IV. Mussafia. XXIII, p. XVIII. VIII.

*— Urbare: Ueber — — und urbariale Aufzeichnungen in Steiermark. Mell. CXXVI, p. XXIII.

***Mittelhochdeutsche** Dichtung in ihrer Beziehung zur biblischrabbinischen Literatur. Gelbhaus. 3. Heft. CXXIII, p. XVI. 4. Heft. CXXIX, p. VIII.

***Mittheilungen** der deutschen mathematischen Gesellschaft in Prag. CXXVIII, p. IX.

*— des k. k. Kriegs-Archivs. N. F. VII. Band. Kriegs-Archivs-Direction. CXXIX, p. XII.

***Modern** Christian Thought: The progressiveness of — —, by James Lindsay. CXXIX, p. IX.

Monumenta conciliorum generalium, Concilium Basileense. Scriptorum tomi tertii pars III, enthaltend Collectio XVII von Joannes de Segovia, Hist. gestorum gener. synodi Basileensis, von Dr. Rudolf Beer. CXXVIII, p. IX.

*— Germaniae historica, Vorsitzender der Central-Direction: Abschrift des Jahresberichtes über den Fortgang der Monumenta sammt dem Etat für das Jahr vom 1. April 1890 bis 31. März 1891. CXXII, p. XIV; 1891/92. CXXIV, p. XXIV.

— — Wahl des Hofrathes Dr. Friedrich Maassen und Professors Dr. Engelbert Mühlbacher als Vertreter der kaiserlichen Akademie. CXXIV, p. XII.

— — Jahresbericht über den Fortgang des Unternehmens im Jahre 1891. Direction. CXXVII, p. VIII.

Mühlbacher, Engelbert, Dr., Professor, w. M.: Wahl desselben als Vertreter der kaiserlichen Akademie in die Centraldirection der Monumenta Germaniae. CXXIV, p. XII.

— Begrüssung desselben als neu eingetretenes wirkliches Mitglied. CXXV, p. XII.

Müller, D. H., Dr. Professor, c. M.: Vorlage des subventionirten Werkes: Al Hamdâni's Geographie der arabischen Halbinsel. II. Band. CXXIV, p. XIX.

— Die Recensionen und Versionen des Eldad had Dâni. CXXVI, p. VIII.

— Epigraphische Denkmäler aus Abessinien nach Abklatschen von J. Theodor Bent. CXXX, p. VI.

— Franz: Versiegeltes Schreiben behufs Wahrung der Priorität mit der Aufschrift: Beitrag zum Studium der Sprachen. CXXVIII, p. XIII. Fortsetzung. CXXIX, p. VI.

— Friedrich, Dr., Professor, w. M.: Armeniaca VI. CXXII, p. V. I.

— Beiträge zur Kritik und Erklärung des Minôig Chrat. CXXV, p. V. I.

— Nachträge zur Abhandlung: Die äquatoriale Sprachfamilie in Central-Afrika. (Sitzungsberichte CXIX). CXXVII, p. VIII. X.

— Beiträge zur Erklärung des Artāi-vērāf-nāmak und des Džāst-i-frijān. CXXVII, p. VIII. XI.

— Johann, Dr.: Kritische Studien zu Seneca de beneficiis et de clementia. CXXVII, p. VI. III.

Müller, Johann, Dr., Professor, c. M.: Kritische Studien zu den Naturales Quaestiones Seneca's. CXXX, p. V. III.

***Mumienbinden**: Die etruskischen — — des Agramer Nationalmuseums. Krall. CXXVI, p. XXI.

Muratori, L. A. e G. G. Leibniz: Corrispondenza tra — — conservata nella R. Biblioteca di Hannover ed in altri istituti e pubblicata da Matteo Campori. CXXIX. p. XI.

Murko, M., Dr.: Die Geschichte von den sieben Weisen bei den Slaven. CXXII, p. XVI. X.

— Beiträge zur Textgeschichte der Historia septem sapientum. CXXIII, p. XIX.

Museum Francisco-Carolinum in Linz, Präsidium: Zusendung des Verzeichnisses der im Museum vorhandenen Pantaidinge und ähnlicher Urkunden. CXXIV. p. VI.

Mussafia, Adolf, Dr., Hofrath, w. M.: Sulla critica del testo del romanzo in francese antico: Ipomedon. CXXI, p. XIX. XIII.

— Studien zu den mittelalterlichen Marienlegenden IV. CXXIII, p. XVIII. VIII.

— Zur Christophlegende I. CXXIX, p. XI. IX.

N.

***Napoleon** Bonaparte: Die Stellung der österreichischen Regierung zu dem Testamente — —. Schlitter. CXXIX, p. VII.

***National-literarische** Gedichte und Schriften: Sammlung — —. IV. Band. CXXIV, p. XXV; V. Band. CXXVI, p. X. VI. Band. CXXVII, p. V. VII. Band. CXXIX. p. X. IX. Band. CXXX, p. IX.

Naturales Quaestiones Seneca's: Kritische Studien zu den — —. Müller. CXXX, p. V. III.

Nauck, August, Dr., geh. Rath, c. M.: Nachricht von seinem am 15. August 1892 erfolgten Ableben. CXXVIII, p. VII.

Nearch's Küstenfahrt vom Indus bis zum Euphrat: Topographischer Commentar zu — —. Tomaschek. CXXI, p. XIV. VIII.

***Necrologium** des ehemaligen Benedictinerstiftes Milstat in Kärnten. Schroll. CXXIII. p. VI.

*Neu-Brünn. I. Theil. d'Elvert. CXXVIII. p. VII.
*Neue griechische Zauberpapyri. Wessely. CXXVIII, p. VIII.
Neugriechische Studien I. Versuch einer Bibliographie der neugriechischen Mundartenforschung. Meyer. CXXX, p. VI. IV.
— — II. Die slavischen, albanischen und rumänischen Lehnworte im Neugriechischen. Meyer. CXXX, p. VIII, V.
Neuwirth, Josef, Dr.: Peter Parler von Gmünd, Dombaumeister in Prag, und seine Familie. CXXIV, p. XIII.
— Geschichte der bildenden Kunst in Böhmen vom Tode Wenzels III. bis zu den Husitenkriegen. CXXVIII. p. IX.
*Niederländisch-chinesisches Wörterbuch. IV. Band, 3. Lieferung. Schlegel. CXXII, p. V.
Niemann, G., Karl Graf von Lanckoroński und E. Petersen: Die Städte Pamphyliens und Pisidiens. I. Band: Pamphylien. CXXII, p. VIII. II. Band. Pisidien. CXXVII, p. VII.
Nigra, C. Graf, Excellenz: Dankschreiben für seine Wahl zum correspondirenden Mitgliede. CXXVIII. p. VI.
— Zusendung seiner publicirten Werke. CXXVIII. p. VI.
Nöldeke, Th., Dr., Professor, c. M.: Beiträge zur Geschichte des Alexanderromans. CXXII, p. VI.
— Persische Studien II. CXXVI, p. XXVI. XII.
— Die von Guidi herausgegebene syrische Chronik. CXXVIII, p. XII. IX.
Nordost-Afrika: Die Bedauye-Sprache in — — I. Texte im Idiom der Beni-Amer, der Halenga und der Bischari. Reinisch. CXXVIII, p. IX. III.
— — Die Bedauye-Sprache in — — III. Reinisch. CXXX, p. X. VII.
*Nuntiaturberichte aus Deutschland. I. Abth., 1. und 2. Band. Kgl. preuss. histor. Institut in Rom und preuss. Archivverwaltung. CXXVIII, p. V.
*— — III. Abtheilung, 1572 bis 1585. 1. Band. Kgl. preuss. histor. Institut in Rom. CXXVIII, p. XI.

O.

*Oesterreichische Alchemisten: Die Adelsdocumente — — und die Abbildungen einiger Medaillen alchemistischen Ursprungs. Bauer. CXXIX, p. XI.

* **Oesterreichische** Industriepolitik: Die — —. Studien zur Geschichte der Volkswirthschaft unter Maria Theresia. I. Beer. CXXX, p. IX.
* **Oesterreichisches** Landrecht: Entstehung und Charakter des — —. Dopsch. CXXVII, p. IX.
* **Oesterreichs** Beziehungen zu Schweden und Dänemark, vornehmlich seine Politik bei der Vereinigung Norwegens mit Schweden in den Jahren 1813 und 1814. Woynar. CXXIV, p. XIX.
* **Offermann**, Alfred Freiherr von Dr.: Ueber die Zukunft der Gesellschaft oder die Wirkung der grossen Zahlen. CXXIX, p. X.
* **Omaggio** e ricordo al nostro Augusto sovrano Francisco Giuseppe I. Mascarelli. CXXI, p. X.
* **Ordo** consilii: Der — — von 1550. Ein Beitrag zur Geschichte des Reichshofrathes. Winter. CXXVIII, p. VI.
* **Orendel**, Ueber das Gedicht vom König —. Heinzel. CXXVI, p. VII. I.
* **Orthographische** Eigenthümlichkeiten des Codex Supraliensis: Ueber einige — — im Verhältniss zu anderen altslovenischen Denkmälern. Vondrák. CXXIV, p. V. II.
* **Osmanische** Literatur: Beiträge zur Geschichte der — —. Grunzel. CXXI. p. XVIII.
* **Osmanisch-Türkisches**: Die griechischen und romanischen Bestandtheile im Wortschatze des — —. Türkische Studien I. Meyer. CXXVII, p. X. CXXVIII. I.
* **Ott**, E., Dr.: Die rhetorica ecclesiastica. Ein Beitrag zur canonischen Literaturgeschichte des 12. Jahrhunderts. CXXV, p. VIII. VIII.

P.

* **Pamphylien** und Pisidien: Die Städte in — —. I. Band. Lanckoroński, Niemann und Petersen. CXXII, p. VIII.
* **Pantaidinge**: Nachricht von dem neuerlichen Erwerb mehrerer — seitens des Linzer Museums Francisco-Carolinum. CXXIV, p. V.
* **—** und ähnliche Urkunden: Verzeichniss der im Museum Francisco-Carolinum zu Linz vorhandenen — —. CXXIV, p. VI.

Papst Hormisda: Beiträge zur Chronologie der Briefe des —. Günther. CXXVI, p. XXI. XI.

*— Pius VI: Die Reise des — — nach Wien und sein Aufenthalt daselbst. Ein Beitrag zur Geschichte der Beziehungen Joseph II. zur Curie. Schlitter. CXXVI, p. XXVI.

Papstwahlen: Beiträge zur Geschichte des Exclusionsrechtes bei den —. Wahrmund. CXXII, p. VIII. XIII.

Papyrus Nr. 226 (II 50—103): Isidor's Synonyma im — der Bibliothek zu St. Gallen. Wotke. CXXVI, p. XXII. CXXVII. I.

*— Erzherzog Rainer. Führer durch die Ausstellung. I. Theil. Karabacek. CXXVIII, p. VII.

*— — Mittheilungen aus der Sammlung der — —. Band V. Heft 3 und 4. CXXVIII, p. X.

Papyrusrolle: Die jüngst entdeckten Ueberreste einer den platonischen Phaedon enthaltenden —. Gomperz. CXXVII, p. X. XIV.

Parsee Prakasch. Band I. Bomanjee Byramjee Patel. CXXII, p. XIII.

Parzival: Ueber Wolframs von Eschenbach —. Heinzel. CXXX, p. VI. I.

Patriciat: Die römischen Spiele und der —, eine staatsrechtliche Untersuchung. Büdinger. CXXIII, p. VIII. III.

Patristische Studien. II. Zu Tertullian ad nationes. v. Hartel. CXXI, p. V. II.

— — III. Zu Tertullian ad nationes, de testimonio animae, scorpiace. v. Hartel. CXXI, p. XII. VI.

Patristische Studien. IV. Zu Tertullian de oratione, de baptismo, de pudicitia, de iciunio, de anima. v. Hartel. CXXI, p. XIX. XIV.

Pavet de Courteille: Tezkerch — i Evlia (Le mémorial des Saints). CXXIV, p. XXI.

Peiper, R.: Cypriani Galli Poetae Heptateuchos. XXIIII. Band. des Corpus scriptorum ecclesiasticorum latinorum. CXXIV, p. IX.

Persische Studien II. Nöldeke. CXXVI, p. XXVI. XII.

Personal-Execution: Studien über das Verhältniss des griechischen zum ägyptischen Recht im Lagidenreiche, insbesondere über — — im Anschluss an Varro de R. R. I, 17. 2. Wessely. CXXIV, p. XIX. IX.

***Peru**: Culturhistorische und sprachliche Beiträge zur Kenntniss des alten —. Tschudi. CXXI. p. XIX.

***Peter** Parler von Gmünd, Dombaumeister in Prag, und seine Familie. Neuwirth. CXXIV. p. XIII.

Petersen, E. Karl Graf von Lanckoroński und G. Niemann: Die Städte Pamphyliens und Pisidiens. I. Band: Pamphylien. CXXII. p. VIII. II. Band: Pisidien. CXXVII. p. VII.

Petrus Brunetti: Die Quellen für den Liber diurnus concilii Basileensis des — —. Beer. CXXIV. p. XVII. VII.

Petzwal, Josef, Hofrath, w. M.: Gedenken des Verlustes, den die Akademie durch seinen am 17. September 1891 erfolgten Tod erlitten hat. CXXV, p. XII.

Pfaff, Ivo, Dr.: Zur Lehre von der rechtlichen Stellung des libertus orcinus. CXXIX, p. XII. XII.

Pflichtmässige Rügen: Das — — auf den Jahrdingen und sein Verfahren, ein Beitrag zur Geschichte der Rechtsverfolgung in deutschen Landen. Siegel. CXXIV. p. XIV. IX.

Philipp Prinz von Sachsen-Coburg-Gotha: Curiosités orientales de mon cabinet numismatique. Bruxelles 1891. CXXV. p. XI.

Philodem und die ästhetischen Schriften der herculanischen Bibliothek. Gomperz. CXXIII. p. XVI. VI.

***Philosophie** des Judenthums: Geschichte der — — und die Unsterblichkeit der Seele. Spiegler. CXXVIII. p. XII.

Pichler, Fr., Dr.: Boleslav II. von Polen. CXXVI, p. VII.

***Pirat** Vincenz: Neue Mittheilungen über Columbus' angeblichen Vetter, den — —. Büdinger. CXXIV. p. XVII.

***Pisidien**. II. Band der „Städte Pamphyliens und Pisidiens" von Lanckoroński, Niemann und Petersen. CXXVII. p. VII.

Pisko, Julius, k. und k. Viceconsul: Georg Castriota (Skanderbeg). Subventionsansuchen. CXXV. p. XIV.

***Plato**-Papyrus: Bericht über einen von J. P. Mahaffy zu Tell Gurob in Aegypten aufgefundenen und entzifferten — —. Gomperz. CXXVIII. p. X.

Platonischer Phaedon: Die jüngst entdeckten Ueberreste einer den — — enthaltenden Papyrusrolle. Gomperz. CXXVII. p. X. XIV.

***Poems** of William Dunbar: The — —. Edited with Introductions, Various Readings and Notes. I. Theil. Schipper. CXXIII, p. XVI. CXXIV, p. X. II. Theil. CXXIV, p. XXVI.

III. Theil. CXXVI. p. XXV. CXXVII. p. VIII. IV. Theil. CXXVIII. p. XIV.

*Poesie und Urkunde bei Thukydides, eine historiographische Untersuchung, I. Theil. Büdinger. CXXII, p. XIX.

*— —, Schlusstheil der historiographischen Untersuchung. Büdinger. CXXIII. p. VI.

*Poésies Hébraico-Provençales du rituel Israélite Comtadin, traduites et transcrites par S. M. Dom Pedro II. d'Alcantara, empereur du Brésil. CXXV. p. XIII.

*Poètes: Les — lyriques de l'Autriche, zwei Bände, 1886 und 1889. Marchand, M. Alfred. CXXII, p. X.

*Politische Correspondenz Friedrichs des Grossen. 18. Band, 2. Hälfte. Kgl. preuss. Akademie der Wissenschaften. CXXVII, p. VII.

*Polnischer Thronfolgekrieg. Feldzug 1735. Gerba. CXXVI, p. XXIV.

*Polyglotte Ausgabe der Chronik von Morea. Christakis Zographos-Preis. CXXVII, p. VI.

Prähistorische Commission: Mittheilungen. 2. Heft. Tumuli bei Marz und Gemeinlebarn. CXXIII, p. XVIII.

Pribram, A. F., Dr., Docent: Urkunden und Actenstücke zur Geschichte des Kurfürsten Friedrich Wilhelm von Brandenburg. XIV. Band, 1. Theil. CXXII, p. XXI. 2. Theil. Auswärtige Acten III (Oesterreich). CXXV, p. V.

— Die Heirat Kaiser Leopolds I. mit Margaretha Theresia von Spanien. CXXIV, p. X.

*Principes généraux du droit international public de l'utilité de l'arbitrage par Thomas de Saintes Georges d'Armstrong. CXXV, p. XIII.

*Prinz Eugen von Savoyen: Feldzüge des — —. K. und k. Kriegsarchivs-Direction. XVI. und XVII. Band. CXXIV. p. XVI. XVIII. und XIX. Band. CXXVI. p. XIII. XV. und XX. Band. Spanischer Successionskrieg, Feldzug 1713, von O. von Machalicky, und Polnischer Thronfolgekrieg. Feldzug 1735, von R. Gerba. CXXVI. p. XXIV. Orts-, Namen- und Sachregister. CXXVIII, p. XII.

Prosaschriften des Lactantius: Ueber die Entstehungsverhältnisse der — — und des Buches: De mortibus persecutorum. Brandt. CXXV, p. XI. VI.

*Pulst, Commende und Pfarre des Johanniter-Ritterordens in
  Kärnten. Jaksch. CXXII, p. VI.
Punt, Das Land — . Studien zur Geschichte des alten Aegypten.
  IV. Krall. CXXI, p. XII, XI.

Q.

*Quellen zur Geschichte der deutschen Kaiserpolitik Oester-
  reichs während der französischen Revolutionskriege 1790
  bis 1801. V. Band. v. Zeissberg. CXXI, p. XVII.
Quellen zur Geschichte deutscher Rechtshörer in Italien. 3. Be-
  richt. Luschin-Ebengreuth. CXXIV, p. XXV. XI.
*Quellenschriften der indischen Lexikographie: Auszug aus dem
  Berichte der Commission für die Herausgabe der — —.
  Bühler. CXXX, p. VIII.

R.

Rambaut, M. A.: Recueil des instructions données aux ambassa-
  deurs et ministres de France. Russie avec une introduction
  et des notes. VIII. Band. CXXII, p. XIX.
*Raum und Zeit: Geschichtliche Untersuchungen über — —.
  Lukas. CXXIII, p. XIX.
*Recensionen und Versionen des Eldad had Dâni: Die — —.
  Müller. CXXVI, p. VIII.
Rechte und die Hochzeit: Vom — —. Kraus. CXXIII, p. VIII. IV.
Rechtliche Stellung des libertus orcinus: Zur Lehre von der
  — —. Pfaff. CXXIX, p. XII. XII.
*Recueil des instructions données aux ambassadeurs et ministres
  de France en Bavière publiées par M. André Lebon.
  CXXI, p. X.
* — des instructions données aux ambassadeurs et ministres de
  France. Russie avec une introduction et des notes. Ram-
  baud. VIII. Band. CXXII, p. XIX. Part II. CXXIV, p. IX.
* — des instructions données aux ambassadeurs et ministres
  de France depuis les traités de Westphalie, Naples et
  Parme, avec une introduction par J. Reinach. CXXIX,
  p. XIII.

Redlich, Oswald, Dr., Professor: Eine Wiener Briefsammlung zur Geschichte des deutschen Reiches und der österreichischen Länder in der zweiten Hälfte des 13. Jahrhunderts. CXXX. p. VII.

***Reformation** in der Stadt Steyr: Die Anfänge der — 1520 bis 1527. Czerny. CXXVI, p. XIV.

Reichel, Dr., Justizrath: Subventionsansuchen zur Herausgabe der Abhandlung: Der Urname der Kaiserstadt Berlin, ein Beitrag zur wendischen Vorgeschichte der deutschen Reichshauptstadt. CXXVII, p. VIII.

— Wolfgang, Dr., und Dr. Wilhelm Kubitschek: Bericht über eine Reise in Karien und Phrygien. CXXX, p. IX.

Reichshofrath: Der Ordo consilii von 1550. Ein Beitrag zur Geschichte des — —. Winter. CXXVIII, p. VI.

Reinach, J.: Recueil des instructions données aux ambassadeurs et ministres de France depuis les traités de Westphalie, Naples et Parme, avec une introduction. CXXIX, p. XIII.

Reinisch, Leo, Dr., Professor, w. M.: Das Zahlwort vier und neun in den chamitisch-semitischen Sprachen. CXXI, p. XVIII. XII.

— Vorlage der Pflichtexemplare des subventionirten Werkes: Die Saho-Sprache. II. Band. CXXI, p. XVIII.

— Die Kunama-Sprache in Nordost-Afrika. III. CXXII, p. XI. V. IV. CXXIII, p. VI. I.

— Die Bedauye-Sprache in Nordost-Afrika. I. Texte im Idiom der Beni-Amer, der Halenga und der Bischari. CXXVIII, p. IX. III. II. Grammatik. CXXVIII, p. XI. VII. III. CXXX, p. X. VII.

***Reise** in Kilikien: Bericht über eine — —. Heberdey und Wilhelm. CXXVI, p. VIII.

*— im Orient: Bericht über eine — —. Benndorf. CXXVIII, p. V.

***Reisewerk** über Europa, Amerika, Japan und China, Iranjee, Dinschan. Petit. CXXII, p. XIII.

Reiter, Siegfried, Dr.: Ueber den Gebrauch drei- und vierzeitiger Längen bei Euripides. CXXIX, p. V. III.

***Republik** Venedig: Zur älteren Staats- und Handelsgeschichte der — —, ein Anhang zu den von den Herren Tafel und Thomas herausgegebenen Urkunden. Geleich. CXXII p. XIII.

***Resignation** Karls V. und Kaiserwahl Ferdinands I: Zur — —. Altmann. CXXVIII, p. VI.

***Révolution** française au XVIe siècle. — La veille de la réforme. Maulde-La Clavière. CXXI, p. VI.

Rhetorica ecclesiastica: Die — —. Ein Beitrag zur canonischen Literaturgeschichte des 12. Jahrhunderts. Ott. CXXV, p. VIII. VIII.

Rockinger, Ludwig Ritter von, Dr., c. M.: XIII. Bericht über die Untersuchung von Handschriften des sogenannten Schwabenspiegels. CXXI, p. V. I.

— XIV. Bericht über die Untersuchung von Handschriften des sogenannten Schwabenspiegels. CXXI, p. XV. X.

— XV. Bericht über die Untersuchung von Handschriften des sogenannten Schwabenspiegels. CXXII, p. V. III.

Römischer Cameo: Ein — — aus dem Schatze der Aijûbiden-Sultâne von Hamâh. Karabacek. CXXIX, p. VI. V.

Römische Spiele: Die — — und der Patriciat, eine staatsrechtliche Untersuchung. Büdinger. CXXIII, p. VIII. III.

Rottmanner, P. Odilo O. S. B.: Bibliographische Nachträge zu Dr. Richard Kukula's Abhandlung: Die Mauriner-Ausgabe des Augustinus. CXXIV, p. XXVII. XIII.

Rügen: Das pflichtmässige — auf den Jahrdingen und sein Verfahren, ein Beitrag zur Geschichte der Rechtsverfolgung in deutschen Landen. Siegel. CXXV, p. XIV. IX.

***Rufin-Ausgabe**: Einige Bemerkungen zu Schulte's — —. Singer. CXXVI, p. XXII.

***Rufini** presbyteri Aquilejensis commentarius in symbolum der Kölner Dombibliothek: Ansuchen um Erwirkung der Uebermittlung der Handschrift 33 — —. Wrobel. CXXIV, p. VIII.

***Rufinus** betreffende Erklärung. Schulte. CXXI, p. X.

Rzach, Alois, Dr.: Metrische Studien zu den Sibyllinischen Orakeln I. CXXVI, p. XVIII. IX.

S.

Sachsen-Coburg-Gotha, Fürst Philipp: Curiosités orientales de mon cabinet numismatique. CXXV. p. XI.

— — Une médaille commémorative de la fondation et de l'achèvement de la ville de Sultanije (1305—1313). CXXVI, p. XXI.

***Saho-Sprache**: Vorlage der Pflichtexemplare des subventionirten Werkes: Die — —. Reinisch. CXXI, p. XVIII.

***Salm**, Graf Anton: Briefe der Kaiserin Maria Theresia und Josefs II. und Berichte des Obersthofmeisters — —. 17. März 1760 bis 16. Jänner 1765, aus dem fürstlich Salm'schen Archive zu Raitz. Zweybrück. CXXI, p. XIII.

***Sammlung** national-literarischer Gedichte und Schriften. Fürstl. bulgarisches Unterrichtsministerium. V. Band. CXXVI, p. X. VI. Band. CXXVII, p. V. VII. Band. CXXIX, p. X.

Savigny-Commission: XIII. Bericht über die Untersuchung von Handschriften des sogenannten Schwabenspiegels von Dr. Ludwig von Rockinger. CXXI, p. V. I.

— — XIV. Bericht über die Untersuchung von Handschriften des sogenannten Schwabenspiegels von Dr. Ludwig von Rockinger. CXXI, p. XV. X.

— — XV. Bericht über die Untersuchung von Handschriften des sogenannten Schwabenspiegels von Dr. Ludwig von Rockinger. CXXII, p. V. III.

Savigny-Commission: Vorläufige Mittheilungen über die Geschichte deutscher Rechtshörer in Italien, von Professor Dr. Arnold R. von Luschin-Ebengreuth. CXXVII, p. V. II.

Savigny-Stiftung. Curatorium: Die Zinsen des Stiftungsfondes für das Jahr 1889 werden der k. k. Akademie zur Verfügung gestellt. CXXII, p. X.

Schenkl, Heinrich, Dr., Professor: Bibliotheca patrum latinorum Britannica. I. CXXI, p. XIV. IX. II. CXXIII, p. XIII. V. III. CXXIV, p. X. III. IV. II. Die Bibliothek des verstorbenen Sir Thomas Philipp in Cheltenham. CXXVI, p. XIX. VI. V. CXXVII, p. VII. IX.

Scherzer, Karl, Dr., Hofrath, k. und k. Generalconsul: Nekrologie: Le baron Karl von Czoernig. CXXI, p. V.

Schipper, Jakob, Dr., Professor, w. M.: The Poems of William Dunbar. Edited with Introductions, Various Readings and Notes. I. Theil. CXXIII, p. XVI. CXXIV, p. X. II. Theil. CXXIV, p. XXVI. III. Theil. CXXVI, p. XXV. CXXVII, p. VIII. IV. Theil. CXXVIII, p. XIV.

— Anonymous Early Scottish Poems, forming a Supplement to the Poems of William Dunbar. V. Theil. CXXIX, p. IX.

Schlegel, Dr.: Niederländisch-chinesisches Wörterbuch. IV. Band, 3. Lieferung. CXXII, p. V.
— Supplementband zum holländisch-chinesischen Wörterbuch. CXXIV, p. XXV.
Schlitter, Hanns, Dr., k. und k. Concipist: Die Berichte des ersten Agenten Oesterreichs in den Vereinigten Staaten von Amerika, Baron de Beelen-Bertholff, an die Regierung der österreichischen Niederlande in Brüssel, 1784—1789. CXXI, p. XV.
— Die Reise Papst Pius VI. nach Wien und sein Aufenthalt daselbst. Ein Beitrag zur Geschichte der Beziehungen Joseph II. zur Curie. CXXVI, p. XXVI.
— Die Stellung der österreichischen Regierung zu dem Testamente Napoleon Bonaparte's. CXXIX, p. VII.
Schlosser, Julius von, Dr., k. und k. Custosadjunct: Beiträge zur Geschichte der karolingischen Kunst. CXXII, p. VIII.
— Beiträge zur Kunstgeschichte aus den Schriftquellen des frühen Mittelalters. CXXIII, p. II.
Schmerling, Anton Ritter von, Dr., Curator-Stellvertreter: Ausdruck der Trauer über sein am 23. Mai 1893 erfolgtes Hinscheiden. CXXIX, p. XI.
Schmidt, Hugo, k. und k. Linienschiffs-Lieutenant: Columbus' Fahrt nach Tunis, mit 1 Karte. CXXI, p. IX. IV.
Schnürer, Franz, Dr., Scriptor: Bericht über eine Weisthümerforschung in den Archiven des Viertels oberm Manhartsberge in Niederösterreich. (Sommer 1889.) CXXII, p. XI. VI.
Schönherr, David Ritter von, Dr., Archivar, c. M.: Dankschreiben für seine Wahl zum correspondirenden Mitgliede. CXXV, p. XIII.
Schönkirchner Handschrift: Ueber die - - — des österreichischen Landesrechts. Adler. CXXV, p. XIV. CXXVI, III.
Schrift vom Staatswesen der Athener: Die — — und ihre neuesten Beurtheiler. Gomperz. CXXVI, p. V.
Schroll, P. Beda O. S. B.: Nekrologium des ehemaligen Benedictinerstiftes Milstat in Kärnten. CXXIII, p. VI.
Schuchardt, Hugo, Dr., Professor, w. M.: Kreolische Studien IX. Ueber das Malaioportugiesische von Batavia und Tugu. CXXII, p. XXI. XII.
— Dankschreiben für seine Wahl zum wirklichen Mitgliede. CXXV, p. XII.

Schuchardt, Hugo, Dr., Professor, w. M.: Baskische Studien. I. Ueber die Entstehung der Bezugsformen des baskischen Zeitwortes. CXXVIII, p. XIII.

Schulte, J. F., Dr., Geh. Justizrath, c. M.: Erklärung, Rufinus betreffend. CXXI, p. X.

— Dankschreiben für die ihm zur Herausgabe der Summen des Paucapalea und Stephan von Tournay bewilligte Subvention. CXXI, p. XIV.

— Vorlage der Pflichtexemplare der subventionirten Ausgabe der Summa des Paucapalea. CXXIII, p. XII.

— Vorlage der Pflichtexemplare der subventionirten Summa des Stephanus Tornacensis zum Decretum Gratiani. CXXIV, p. VII.

Schultz, Alwin, Dr.: Deutsches Leben im XIV. und XV. Jahrhundert. CXXVII, p. IX.

Schuster, Richard, Dr.: Zappert's ältester Plan von Wien, vornehmlich in seinen äusserlichen Merkmalen. CXXVI, p. XXV. CXXVII, p. VI.

Schwabenspiegel: XIII. Bericht über die Untersuchung von Handschriften des sogenannten —. v. Rockinger. CXXI, p. V. I.

— XIV. Bericht über die Untersuchung von Handschriften des sogenannten —. v. Rockinger. CXXI, p. XV. X.

— XV. Bericht über die Untersuchung von Handschriften des sogenannten —. v. Rockinger. CXXII, p. V. III.

Schwestern Fröhlich-Stiftung, Curatorium: Kundmachung über die im Jahre 1890 stattfindende Verleihung von Stipendien und Pensionen. CXXII, p. XVII.

— — Kundmachung über die im Jahre 1892 stattfindende Verleihung der Stipendien und Pensionen. Curatorium. CXXVII, p. VIII.

— — Kundmachung über die im Jahre 1893 stattfindende Verleihung der Stipendien und Pensionen. CXXIX, p. XI.

Schwitzer, P. Basilius: Vorlage der Pflichtexemplare des subventionirten Werkes: Urbare der Stifter Marienberg und Münster u. s. w. CXXIV, p. XIII.

***Scottish** Poems: Anonymous Early — — forming a Supplement to the Poems of William Dunbar. Vth Part. Schipper. CXXIX, p. IX.

Sedlaczek, St., Dr., und Dr. W. Löwy: Statistisches Jahrbuch der Stadt Wien für das Jahr 1891. IX. Jahrgang. CXXX, p. VIII.
— Die Wohnverhältnisse in Wien. Ergebnisse der Volkszählung vom 31. December 1890. CXXX, p. IX.
Seneca de beneficiis et de clementia: Kritische Studien zu — —. Müller J. CXXVII, p. VI. III.
*****Serbische** Frage: Josef Freiherr von Simbschen und die Stellung Oesterreichs zur — —. Krones. CXXII, p. VI.
Sibyllinische Orakel: Metrische Studien zu den — —. Rzach. CXXVI, p. XVIII. IX.
Sicherheiten für ein Versprechen im deutschen Rechtsleben: Der Handschlag und Eid nebst den verwandten — —. Siegel. CXXX, p. X. VI.
Sieben Weisen bei den Slaven: Die Geschichte von den — —. Murko. CXXII, p. XVI. X.
Siegel, Heinrich, Hofrath, w. M.: Das pflichtmässige Rügen auf den Jahrdingen und sein Verfahren. Ein Beitrag zur Geschichte der Rechtsverfolgung in deutschen Landen. CXXV, p. XIV. IX.
— Das erzwungene Versprechen und seine Behandlung im deutschen Rechtsleben. CXXVIII, p. IX. II.
— Der Handschlag und Eid nebst den verwandten Sicherheiten für ein Versprechen im deutschen Rechtsleben. CXXX, p. X. VI.
*****Sigmar** und Bernhard von Kremsmünster. Kritische Studien zu den Geschichtsquellen von Kremsmünster im 13. und 14. Jahrhundert. Loserth. CXXX, p. IX.
*****Simbschen**, Josef Freiherr von, und die Stellung Oesterreichs zur serbischen Frage 1807—1810. Krones. CXXII, p. VI.
*— Feldzeugmeister 1810 bis 1818, sein kriegsrechtlicher Process und seine Rehabilitirung nach ungedruckten Aufzeichnungen. Krones. CXXIII, p. XII.
Singer, Heinrich, Dr., Professor: Erwiderung auf die von Herrn Geh. Justizrath von Schulte im akademischen Anzeiger publicirte Erklärung. CXXI, p. XIX.
— Einige Bemerkungen zu Schulte's Rufin-Ausgabe. CXXVI, p. XXII.
— J.: Subventionsansuchen zur Herausgabe der allgemeinen Encyklopädie für die Geschichte und Wissenschaft des Judenthums. CXXVII, p. VIII.

*Slavische Beiträge zu den biblischen Apokryphen. I. Die altkirchenslavischen Texte des Adambuches. Jagić. CXXVIII. p. X.

*— Slavische Incunabeln auf Pergament. Jagić. CXXIII, p. X.

*Socrates und Comenius: Versiegeltes Schreiben behufs Wahrung der Priorität, betitelt: — —. Kutschera. CXXIV, p. XXV.

Spanea's byzantinisches Lehrgedicht in der kirchenslavischen Uebersetzung. Jagić. CXXVII, p. VII. VIII.

Spanische Geschichte: Mittheilungen aus der — — des 16. und 17. Jahrhunderts I. Büdinger. CXXVIII, p. XIV. XI.

*Spanischer Successionskrieg. Feldzug 1713. Machalicky. CXXVI, p. XXIV.

Speemann, Verlagsbuchhandlung: Zusendung der Pflichtexemplare des 1. Heftes der griechischen Grabreliefs. CXXII, p. XI.

— Attische Grabreliefs. II. Lieferung. CXXV, p. XI. III. Lieferung CXXVII, p. VI. IV. Lieferung. CXXIX, p. IX.

Spiegler, Julius Samuel, Dr.: Geschichte der Philosophie des Judenthums und die Unsterblichkeit der Seele. CXXVIII, p. XII.

*Sprachgeschichtliche Stellung des Japanesischen: Die — —. Grunzel. CXXIV, p. XXII.

*Staats- und Fondsgüter-Verwaltung: Jahrbuch der — —. I. Jahrgang 1893. Dimitz. CXXX, p VII.

*Staatswesen der Athener: Die Schrift vom — — und ihr neuester Beurtheiler. Gomperz. CXXVI, p. V.

*Staatswirthschaften: Uebersichten der — des Welthandels und Weltverkehrs. Hirsch. CXXII. p. X.

*Stadt Waldshut: Die — — und die vorderösterreichische Regierung in den Jahren 1523—1526. Ein Beitrag zur Geschichte der Reformation in Vorderösterreich und des Bauernkrieges. Loserth. CXXIII, p. VIII.

Stadtmagistrat von Wien: Statistisches Jahrbuch der Stadt Wien für das Jahr 1890. CXXVIII, p. V.

*Städte Pamphyliens und Pisidiens. Lanckoroński, Niemann und Petersen. I. Band: Pamphylien. CXXII, p. VIII. II. Band: Pisidien. CXXVII, p. VII.

*Statistischer Bericht über die industriellen und gewerblichen Verhältnisse Schlesiens im Jahre 1885. Handels- und Gewerbekammer für Schlesien. CXXII, p. XX.

***Statistisches** Jahrbuch der Stadt Wien für das Jahr 1890. Stadtmagistrat. CXXVIII, p. V.
*— Jahrbuch der Stadt Wien für das Jahr 1891. IX. Jahrgang. Sedlaczek und Löwy. CXXX, p. VIII.
Staufer: Die letzten —. Beiträge und Kritik zur steierischen Reimchronik und zur Reichsgeschichte im 13. und 14. Jahrhundert. IV. Busson. CXXVI, p. XXIII. X.
Stefan, Josef, Dr., Hofrath, w. M., Vice-Präsident: Mittheilung von seinem am 7. Jänner 1893 erfolgten Ableben. CXXVIII, p. XIII.
Steffenhagen, Emil, Dr.: Der Einfluss der Buch'schen Glosse auf die späteren Denkmäler. I. Das Cleve'sche Stadtrecht. CXXIX, p. X. VII.
Steierische Reimchronik: Beiträge zur Kritik der — — und zur Reichsgeschichte im 13. und 14. Jahrhundert. IV. Die letzten Staufer. Busson. CXXVI, p. XXIII. X.
Stein, Lorenz Ritter von, Hofrath, w. M.: Gedenken des Verlustes, welchen die Akademie durch sein am 23. September 1890 erfolgtes Ableben erlitten hat. CXXIII, p. V.
Stengel, Eduard: Kleinere Schriften von Ferdinand Wolf. CXXII, p. X.
***Stenographische** Protokolle über die vom 8. bis 17. März 1892 abgehaltenen Sitzungen der Währungs-Enquête-Commission. Finanz-Ministerium. CXXVII, p. VI.
***Stiftungsbuch** des Klosters Zwettl: Studien über das — —. Tangl. CXXI, p. XV.
Stremayr, Karl von, Dr., Excellenz: Mittheilung von seiner mit Allerh. Entschliessung vom 12. November 1893 erfolgten Ernennung zum Curator-Stellvertreter der kaiserlichen Akademie. CXXX, p. VIII.
Strobl, Ferdinand, k. und k. Rittmeister: Théroigne de Méricourt, Actenstücke über ihren Aufenthalt zu Kufstein 1791. CXXVI, p. XVIII.
Studien, Altslovenische. Vondrák. CXXII. p. VI. VII.
*— über das Stiftungsbuch des Klosters Zwettl. Tangl. CXXI, p. XV.
— über angebliche Baumbastpapiere. Wiesner. CXXVI, p. XXII. VIII.
— zur Geschichte des alten Aegypten. IV. Das Land Punt. Krall. CXXI, p. XII. XI.

Studien zu den mittelalterlichen Marienlegenden IV. Mussafia. CXXIII, p. XVIII. VIII.

*— zur Geschichte der Volkswirthschaft unter Maria Theresia. I. Die österreichische Industriepolitik. Beer. CXXX, p. IX.

*Studium der Sprachen: Beitrag zum — —. Müller. CXXVIII, p. XIII.

Sulla critica del testo del romanzo in franzese antico: Ipomedon. Mussafia. CXXI, p. XIX. XIII.

*Summa des Paucapalea: Die — —. Vorlage der Pflichtexemplare der subventionirten Ausgabe der — —. von Schulte. CXXIII, p. XII.

*— des Stephanus Tornacensis zum Decretum Gratiani. von Schulte. CXXIV, p. VII.

Syrische Chronik: Die von Guidi herausgegebene — —. Nöldeke. CXXVIII, p. XII. IX.

T.

Taaffe, Graf Eduard, Minister des Innern: Die Gebarung und die Ergebnisse der Unfallstatistik im Jahre 1890. CXXVI, p. XXII.

*Tabulae codicum lat. Band VIII. Hartel. CXXVI, p. XIX.

Tangl, Michael, Dr.: Studien über das Stiftungsbuch des Klosters Zwettl. CXXI, p. XV.

*Technische Chronologie: Ansuchen um Subvention zur Drucklegung des Werkes: Grundzüge der — —. Mahler. CXXIV, p. VII.

Tertullian ad nationes. Patristische Studien II. von Hartel. CXXI, p. V. II.

— ad nationes, de testimonio animae, scorpiace. Patristische Studien III. von Hartel. CXXI, p. XII. VI.

— de oratione, de baptismo, de pudicitia, de ieiunio, de anima. Patristische Studien IV. von Hartel. CXXI, p. XIX. XIV.

*Testament Napoleon Bonaparte's: Die Stellung der österreichischen Regierung zu dem — —. Schlitter. CXXIX, p. VII.

Teuber, O.: Fünfzig Jahr' in Lied und That. Festschrift zur Feier des 50jährigen Bestandes des Wiener Männergesangvereines. CXXX, p. VII.

*Textgeschichte der Historia septem sapientum: Beiträge zur — —. Murko. CXXIII, p. XIX.

*Tezkerch-i-Evlia (Le mémorial des Saints). Pavet de Courteille. CXXIV, p. XXI.

Thallóczy, L. V. Jagić, F. Wickhoff: Missale Glagoliticum Hervoiae, ducis Spalatensis rec. — —. CXXIV, p. XXIII.

Themer, Johann, k. k. Obertelegraphist: Hainburgs Städtenamen. CXXIII, p. VI.

*Théroigne de Méricourt: Actenstücke über ihren Aufenthalt zu Kufstein 1791. Strobl. CXXVI, p. XVIII.

*The Jātaka-Mālā or Bodhissatvāvadāna-Mālā by Ārya Çūra. Kern. CXXVIII, p. X.

*Thesaurus-Commission: Mittheilungen über die bisherigen Berathungen der — — und Feststellung des Programms. Gomperz. CXXX, p. VII.

Thomas des Saintes-Georges d'Armstrong: Principes généraux du droit international public de l'utilité de l'arbitrage. CXXV, p. XIII.

Thraker: Die alten —. I. Abtheilung: Uebersicht der Stämme. Eine ethnologische Untersuchung. Tomaschek. CXXVIII, p. VIII. IV. II. Abtheilung: Die Sprachreste. I. Hälfte: Glossen verschiedener Art und Götternamen. Tomaschek. CXXX, p. V. II.

*Thukydides: Poesie und Urkunde bei —, eine historiographische Untersuchung. Büdinger. I. Theil. CXXII, p. XIX. Schlusstheil der historiographischen Untersuchung. Büdinger. CXXIII, p. VI.

*Tiroler Weisthümer: Die — —. IV. Band, 2. Hälfte. Von Ignaz V. Zingerle und Josef Egger. CXXV, p. XIV.

Todesanzeigen: CXXI, p. V, VI, VIII, XIII; CXXIII, p. V; CXXIV, p. VIII, XV; CXXV, p. VII, XII; CXXVI, p. XVIII, XXI; CXXVII, p. V; CXXVIII, p. V, VI, VII, VIII, XIII; CXXIX, p. XI; CXXX, p. VIII.

Tomaschek, Wilhelm, Dr., Professor, c. M.: Topographischer Commentar zu Nearch's Küstenfahrt vom Indus bis zum Euphrat. CXXI, p. XIV. VIII.

— Zur historischen Topographie von Kleinasien im Mittelalter. I. Die Küstengebiete und die Wege der Kreuzfahrer. CXXIV, p. XXII. VIII.

Tomaschek, Wilhelm, Dr., Professor, c. M.: Die alten Thraker. I. Abtheilung: Uebersicht der Stämme. CXXVIII, p. VIII. IV. II. Abtheilung: Die Sprachreste. 1. Hälfte: Glossen verschiedener Art und Götternamen. CXXX, p. V. II.

Topographischer Commentar zu Nearch's Küstenfahrt vom Indus bis zum Euphrat. Tomaschek. CXXI, p. XIV. VIII.

*****Treffen** bei Lobositz: Das — — (1. October 1756), sein Ausgang und seine Folgen. Dopsch. CXXVI, p. X.

Trost, Ludwig, Dr., Geheimer Legationsrath, übersendet mehrere seiner Werke für die akademische Bibliothek. CXXIV, p. XXV.

Tschang, Pu und Ki: Ueber die Bedeutung der drei Perioden — —, sowie den Elementen- und sogenannten Wahlcyklus bei den Chinesen. Kühnert. CXXIV, p. XXVII; CXXV, IV.

Tschudi, J. J. von, Dr., c. M.: Culturhistorische und sprachliche Beiträge zur Kenntniss des alten Peru. CXXI, p. XIX.

Türkische Studien I: Die griechischen und romanischen Bestandtheile im Wortschatze des Osmanisch-Türkischen. Meyer. CXXVII, p. X; CXXVIII, p. I.

*****Tumuli** bei Marz und Gemeinlebarn. Mittheilungen der Prähistorischen Commission. 2. Heft. CXXIII, p. XVIII.

U.

Ueberreste einer den platonischen Phaedon enthaltenden Papyrusrolle: Die jüngst entdeckten — —. Gomperz. CXXVII, p. X. XIV.

*****Unfallstatistik**: Die Gebarung und Ergebnisse der — — im Jahre 1890. Taaffe. CXXVI, p. XXII.

***— Die Gebarung und die Ergebnisse der — im Jahre 1891. Ministerium des Innern. CXXIX, p. VIII.

*****Urbare** der Stifter Marienberg und Münster u. s. w.: Vorlage der Pflichtexemplare des subventionirten Werkes — —. Schwitzer. CXXIV, p. XIII.

*****Urgeschichte** des Kaukasus: Ansuchen um eine Reiseunterstützung zur Vollendung der Studien über die — —. Heger. CXXIV, p. XV.

* **Urkunden** und Actenstücke zur Geschichte des Kurfürsten Friedrich Wilhelm von Brandenburg. XIV. Band, I. Theil. Pribram. CXXII, p. XXI. 2. Theil. Auswärtige Acten III (Oesterreich). Pribram. CXXV. p. V.
* **Urkundliche** Geschichte des reichsritterlichen Geschlechtes Eberstein. L. F. von Eberstein. CXXI. p. XII.
* — Nachträge zur österreichisch-deutschen Geschichte im Zeitalter Kaiser Friedrichs III. Bachmann. CXXV, p. V.
* **Urname** der Kaiserstadt Berlin: Der — —, ein Beitrag zur wendischen Vorgeschichte der Kaiserstadt Berlin. Reichel. CXXVII. p. VIII.

V.

Verein von Alterthumsfreunden im Rheinlande: Der — —. Einladung zur Feier seines 50jährigen Jubiläums. CXXV, p. XIV.

Verhältniss des griechischen zum ägyptischen Recht im Lagidenreiche: Studien über das — —, insbesondere über Personal-Execution im Anschluss an Varro de R. R. I, 17, 2. Wessely. CXXIV, p. XIX. IX.

* **Verhandlungen:** Die — Ferdinands I. mit Isabella von Siebenbürgen 1551—1555. Huber. CXXV, p. XIV.
* **Versiegeltes** Schreiben zur Wahrung der Priorität. Bachmann. CXXVII, p. VIII.

Versprechen: Das erzwungene — und seine Behandlung im deutschen Rechtsleben. Siegel. CXXVIII, p. IX. II.

* **Vindobona,** Wienne. Eine etymologische Untersuchung. Grienberger. CXXX, p. VI.

Visarga: Die Aussprache des —. Kirste. CXXI, p. X. XV.

* **Volkswirthschaft** unter Maria Theresia: Studien zur Geschichte der — —. I. Die österreichische Industriepolitik. Beer. CXXX, p. IX.

Vondrák, Wenzel, Dr.: Altslovenische Studien. CXXII, p. VI. VII.

— Ueber einige orthographische und lexicalische Eigenthümlichkeiten des Codex Supraslensis im Verhältniss zu anderen altslovenischen Denkmälern. CXXIV, p. V. II.

— Zur Würdigung der altslovenischen Wenzelslegende. CXXVII, p. V. XIII.

Vondrák, Wenzel, Dr.: Die Spuren der altkirchenslavischen Evangelienübersetzung in der altböhmischen Literatur. CXXIX, p. X. X.

***Vorgratianische** Kirchenrechtsquellen: Beiträge zur Geschichte der — — L. Blumenstock. CXXV, p. X.

W.

Wahrmund, Ludwig, Dr.: Beiträge zur Geschichte des Exclusionsrechtes bei den Papstwahlen, aus römischen Archiven. CXXII, p. VIII. XIII.

Währungs-Enquête-Commission: Denkschrift. CXXVI, p. XXIV.

*— — Stenographische Protokolle über die vom 8. bis 17. März 1892 abgehaltenen Sitzungen der — —. CXXVII, p. VI.

***Wege** unseres Herrn Jesu Christi: Die — —, dargestellt auf 21 geographischen Mappen und auf einer topographischen Mappe Jerusalems. Wellner. CXXX, p. V.

Weihrich, Franz, Dr., Professor: Ansuchen um Erwirkung der Möglichkeit, zwei Kölner Handschriften des Augustinus: „De consensu evangelistarum libri IV" und „De sermone, quem dominus discipulis in monte locutus est" in Wien zu collationiren. CXXIV, p. VIII.

— Die Bibelexcerpte de divinis scripturis und die Itala des heiligen Augustinus. CXXIX, p. VII. II.

Weisthümer-Commission: „Die tirolischen Weisthümer" von Ignaz V. Zingerle und Josef Egger. IV. Band, 2. Hälfte. CXXV, p. XIV.

***Weisthümerforschung**: Bericht über eine — in den Archiven des Viertels oberm Manhartsberge in Niederösterreich. Schnürer. CXXII, p. XI. VI.

Wellner, Max, Dr., k. k. Notar: Die Wege unseres Herrn Jesu Christi, dargestellt auf 21 geographischen Mappen Palästinas und auf einer topographischen Mappe Jerusalems. CXXX, p. V.

Wenzelslegende: Zur Würdigung der altslovenischen —. Vondrák. CXXVII, p. V. XIII.

Werenka, Daniel, Dr.: Bukowinas Entstehen und Aufblühen, Maria Theresias Zeit. I. Theil: 1772 bis Juni 1775. CXXIV, p. V.

Wertheimer, Eduard, Dr.: Zwei Denkschriften Erzherzog Rainers aus den Jahren 1808 und 1809. CXXVI, p. V.
— Aufenthalt der Erzherzoge Johann und Ludwig in England 1815 und 1816. CXXVI, p. XXIII.
— Wien und das Kriegsjahr 1813. CXXVIII, p. XIV.
***Werthverhältniss** der Edelmetalle: Das — — während des Mittelalters. Luschin-Ebengreuth. CXXVII, p. VII.
Wesselofsky, Alexander, Dr., Professor: Dankschreiben für seine Wahl zum correspondirenden Mitgliede. CXXX, p. X.
— Boccaccio, seine Zeit und seine Zeitgenossen (russisch). CXXX, p. X.
Wessely, Karl, Dr., Professor, c. M.: Ueber eine Nachricht Varro's über Personalexecution im Lagidenreiche. CXXIV, p. XIX. IX.
— Neue griechische Zauberpapyri. CXXVIII, p. VIII.
— Dankschreiben für seine Wahl zum correspondirenden Mitgliede. CXXX, p. V.
Wichner, J. P., Archivar: Dankschreiben für bewilligte Subvention zur Herausgabe seiner Schrift: ‚Kloster Admont und seine Beziehungen zur Wissenschaft und zum Unterricht'. CXXV, p. XIII.
— Vorlage der Pflichtexemplare des subventionirten Werkes: ‚Kloster Admont und seine Beziehungen zur Wissenschaft und zum Unterricht'. CXXVI, p. X.
Wickenhauser, Finanzrath, a. D.: Instruction, ertheilt dem kaiserlichen Commissarius Reichshofrath Wolf Niklas von Grünthal unterm 8. Juni 1618. CXXII, p. XVI.
Wickhoff, F., V. Jagić und L. Thalloczy: Missale Glagoliticum Hervoiae ducis Spalatensis rec. — —. CXXIV, p. XXIII.
Widmung von 30.000 Gulden zur archäologischen Durchforschung Kleinasiens von dem Ehrenmitgliede Johann Fürst von und zu Liechtenstein. CXXI, p. XVII.
***Wien** und das Kriegsjahr 1813. Wertheimer. CXXVIII, p. XIV.
***Wiener** Briefsammlung: Eine — — zur Geschichte des deutschen Reiches und der österreichischen Länder in der zweiten Hälfte des 13. Jahrhunderts. Redlich. CXXX, p. VII.
*— Männergesangverein: Chronik der Jahre 1843—1893 von R. Hoffmann und Festschrift zur Feier des 50jährigen Bestandes ‚Fünfzig Jahr' in Lied und That' von O. Teuber. CXXX, p. VII.

Wiesner, J., Dr., Professor, w. M.: Studien über angebliche Baumbastpapiere. CXXVI, p. XXII. VIII.

Wilbrandt, Adolf, Dr.: Dankschreiben für den seiner dramatischen Dichtung ,Der Meister von Palmyra' zuerkannten Grillparzerpreis. CXXI, p. VIII.

Wilhelm, Adolf, Dr. und Dr. Rudolf Heberdey: Bericht über eine Reise in Kilikien. CXXVI, p. VIII.

— — Bericht über eine zweite Reise in Kilikien zur archäologischen Erforschung Kleinasiens. CXXVIII, p. VIII.

*****William** Dunbar: The Poems of — —. Edited with Introductions, Various Readings and Notes. Schipper. I. Theil. CXXIV, p. X. II. Theil. CXXIV, p. XXVI. III. Theil. CXXVI, p. XXV. CXXVII, p. VIII. IV. Theil. CXXVIII, p. XIV.

Winckler, Anton, Dr., Hofrath, w. M.: Gedenken des Verlustes, den die Akademie durch sein am 30. August 1892 erfolgtes Ableben erlitten hat. CXXVIII, p. VI.

Winter, Gustav, Dr., c. M.: Der ordo consilii von 1550. Ein Beitrag zur Geschichte des Reichshofrathes. CXXVIII, p. VI.

Winternitz, Moriz, Dr.: Das altindische Hochzeitsrituell nach dem Âpastambrija-Grihijasûtra und einigen anderen Werken. CXXII, p. XXII.

*****Wohnverhältnisse** in Wien: Die — —. Ergebniss der Volkszählung vom 31. December 1890. Sedlaczek. CXXX, p. IX.

*****Wolf,** Ferdinand: Kleinere Schriften. Stengel. CXXII, p. X.

— G., Dr., Professor: Josefina. CXXI, p. XIV.

— Kleine historische Schriften. CXXVI, p. XXII.

* — Niklas von Grünberg, kais. Commissarius, Reichshofrath: Instruction vom 8. Juni 1618, ertheilt dem — —. Wickenhauser. CXXII, p. XVI.

Wolframs von Eschenbach Parzival: Ueber — —. Heinzel. CXXX, p. VI. L

Wotke, Karl, Dr.: Isidors Synonyma (II. 50—103) im Papyrus Nr. 226 der Bibliothek zu St. Gallen. CXXVI, p. XXII. CXXVII. L

Woynar, Karl, Dr.: Oesterreichs Beziehungen zu Schweden und Dänemark, vornehmlich seine Politik bei der Vereinigung Norwegens mit Schweden in den Jahren 1813 und 1814. CXXIV, p. XIX.

Wrobel, Johann, Dr., Professor: Ansuchen um Erwirkung der Uebermittlung der Handschrift 33 (Rufini presbyteri Aquilejensis commentarius in symbolum) der Kölner Dombibliothek. CXXIV, p. VIII.

Würdigung der altslovenischen Wenzelslegende und der Legende vom heiligen Prokop: Zur — —. Vondrák. CXXVII, p. V. XIII.

Wundern Christi: Die Quelle von Ezzos Gesang von den — —. Kelle. CXXIX, p. VI. L

Wurzbach, Constant Ritter von, Dr., Regierungsrath: Biographisches Lexikon des Kaiserthums Oesterreich. Vorlage des 58. Theiles mit der Bitte um den üblichen Druckkostenbeitrag. CXXI, p. VII.

— Biographisches Lexikon des Kaiserthums Oesterreich. 59. Theil mit dem Ansuchen um Gewährung der üblichen Subvention. CXXIII, p. VI.

— Biographisches Lexikon des Kaiserthums Oesterreich. 60. Band. CXXVII, p. VI.

X.

***Xenia** Bernardina. Janauschek und Gsell. CXXVI, p. XXIV.

Y.

***Yâjñavalkîya-Dharmaśastra-Nibandha:** Collation des in Aparârkas enthaltenen Textes der Yâjñavalkya-Smṛiti. Kirste. CXXIX, p. V.

Z.

Zachariae, Theodor, Dr.: Epilegomena zu der Ausgabe des Anekârthasaṁgraha. CXXIX, p. XII. XI.

— Quellenwerke der altindischen Lexikographie. Bd. I. Der Anekârthasaṁgraha des Hemachandra. CXXIX, p. XII. XI.

Zahlwort vier und neun: Das — in den chamitisch-semitischen Sprachen. Reinisch. CXXI, p. XVIII. XII.

Zappert's ältester Plan von Wien, vornehmlich in seinen äusserlichen Merkmalen. Schuster. CXXVI, p. XXV. CXXVII, p. VI.

*Zauberpapyri: Neue griechische —. Wessely. CXXVIII, p. VIII.

Zeissberg, Heinrich Ritter von, Dr., Professor, Hofrath, w. M.: Vorlage des V. Bandes der von Alfred von Vivenot herausgegebenen Quellen zur Geschichte der deutschen Kaiserpolitik Oesterreichs während der französischen Revolutionskriege 1790—1801. CXXI, p. XVII.

— Zwei Jahre belgischer Geschichte (1791, 1792). I. Theil. Von der Convention im Haag bis zum Tode Kaiser Leopolds II. CXXIII, p. XVI. VII. II. Theil. Vom Tode Kaiser Leopolds II. bis zum Ende der Statthalterschaft der Erzherzogin Maria Christine. CXXIV, p. XXV. XII.

— Aldenhofen, Neerwinden, Löwen (1., 18 und 22. März 1793). Zur Erinnerung an Erzherzog Carl. CXXVII, p. VII. VII.

— Belgien unter der Generalstatthalterschaft Erzherzog Carls (1793—1794). I. Theil. CXXVIII, p. XI. VI. II. Theil. CXXIX, p. XI. VIII.

Zeller, E., Dr., Professor, E.-M.: Dankschreiben für seine Wahl zum Ehrenmitgliede. CXXIII, p. V.

Zepharovich, Victor von, Dr., Professor, Hofrath, w. M.: Ausdruck der Trauer über sein am 24. Februar 1890 zu Prag erfolgtes Ableben. CXXI, p. XIII.

Zimmermann, Robert, Dr., Professor, Hofrath, w. M.: Vorlage der ‚Culturhistorische und sprachliche Beiträge zur Kenntniss des alten Peru' von dem c. M. Dr. J. J. von Tschudi. CXXI, p. XIX.

— Leibnitz bei Spinoza. Eine Beleuchtung der Streitfrage. CXXII, p. V. II.

— Mittheilung über die Constituirung des Grillparzerpreisgerichts. CXXIX, p. VIII.

Zingerle, Anton, Dr., Professor, c. M.: Dankschreiben für seine Wahl zum correspondirenden Mitgliede. CXXIII, p. V.

— S. Hilarii episcopi Pictaviensis Tractatus super psalmos. XXII. Band des Corpus scriptorum ecclesiasticorum latinorum. CXXIV, p. IX.

— Zur vierten Decade des Livius. CXXVIII, p. X. V.

— Der Hilarius-Codex in Lyon. CXXVIII, p. XIII. X.

Zingerle, Ignaz V., Dr. und Josef Egger: Die Tiroler Weisthümer. IV. Band, 2. Hälfte. CXXV, p. XIV.

— Ignaz von, Dr., Regierungsrath, c. M.: Gedenken des Verlustes, den die Akademie durch sein am 17. September 1892 erfolgtes Ableben erlitten hat. CXXVIII, p. VI.

***Zukunft** der Gesellschaft: Ueber die — — oder die Wirkung der grossen Zahlen. Offermann. CXXIX, p. X.

Zwei Jahre belgischer Geschichte. 1791—1792. I. Theil. Von der Convention im Haag bis zum Tode Kaiser Leopolds II. CXXIII, p. XVI. VII. II. Theil. Vom Tode Leopolds II. bis zum Ende der Statthalterschaft der Erzherzogin Maria Christine. Zeissberg. CXXIV, p. XXV. XII.

Zweybrück, Franz, Dr.: Briefe der Kaiserin Maria Theresia und Josefs II. und Berichte des Obersthofmeisters Grafen Anton Salm. 17. März 1760 bis 16. Jänner 1765, aus dem fürstlich Salm'schen Archive zu Raitz. CXXI, p. XIII.

Zycha, J.: S. Aurelii Augustini operum sect. VI, pars I im Vol. XXV des Corpus scriptorum ecclesiasticorum latinorum. CXXV, p. XI; pars II. CXXVI, p. XXIV.